# 互联网文案写作实务

主　编　董恩海

副主编　齐元沂　张永芬

编　委（按姓氏拼音首字母排序）
　　　　董恩海　陆　腾　齐元沂
　　　　生　趣　张　江　张永芬

复旦大学出版社

图书在版编目(CIP)数据

互联网文案写作实务/董恩海主编. -- 上海:复旦大学出版社,2025.8. -- ISBN 978-7-309-18088-6
Ⅰ. F713.812
中国国家版本馆 CIP 数据核字第 2025Q2H546 号

**互联网文案写作实务**
董恩海　主编
责任编辑/颜萍萍

复旦大学出版社有限公司出版发行
上海市国权路 579 号　邮编:200433
网址:fupnet@fudanpress.com　http://www.fudanpress.com
门市零售:86-21-65102580　团体订购:86-21-65104505
出版部电话:86-21-65642845
浙江临安曙光印务有限公司

开本 787 毫米×960 毫米　1/16　印张 12.5　字数 204 千字
2025 年 8 月第 1 版第 1 次印刷

ISBN 978-7-309-18088-6/F·3118
定价:55.00 元

如有印装质量问题,请向复旦大学出版社有限公司出版部调换。
版权所有　侵权必究

# 目　　录

前言 ·········································································································· 001

## 模块一　互联网文案基础

**项目一　初始互联网文案** ························································································ 003
　　任务 1　互联网文案的概念 ··············································································· 003
　　任务 2　互联网文案的发展趋势 ········································································· 009

**项目二　文案写作基本方法** ···················································································· 014
　　任务 1　文案构思与写作步骤 ··········································································· 014
　　任务 2　基本原则与方法 ·················································································· 017

**项目三　互联网文案创意策划** ················································································ 023
　　任务 1　创新思维方法 ····················································································· 023
　　任务 2　创意输出与吸引力提升 ········································································ 031

**项目四　市场调研方法** ··························································································· 035
　　任务 1　市场调研 ···························································································· 035
　　任务 2　产品分析 ···························································································· 037
　　任务 3　目标受众分析 ····················································································· 038

## 模块二　品牌文案与营销软文写作

**项目一　品牌文案写作** ........................................ 043
　　任务 1　认识品牌文案 ........................................ 043
　　任务 2　品牌名称与品牌标语的设计 ............................ 047
　　任务 3　产品描述文案的写作 .................................. 052
　　任务 4　品牌故事的写作 ...................................... 062

**项目二　营销软文写作** ........................................ 069
　　任务 1　认识营销软文 ........................................ 069
　　任务 2　营销软文的写作 ...................................... 073
　　任务 3　营销软文中关键词的设置 .............................. 078

## 模块三　图文类新媒体文案写作

**项目一　图文类文案写作** ...................................... 085
　　任务 1　了解常见的新媒体平台 ................................ 085
　　任务 2　电商平台文案的写作 .................................. 090
　　任务 3　小红书文案的写作 .................................... 097

**项目二　微信公众号文案写作** .................................. 106
　　任务 1　初识微信公众号 ...................................... 106
　　任务 2　微信公众号文案的写作 ................................ 110

## 模块四　短视频平台文案写作

**项目一　短视频文案写作** ...................................... 125
　　任务 1　认识短视频平台及文案 ................................ 125
　　任务 2　短视频文案写作技巧 .................................. 128

项目二 直播文案写作 ......................................................................... 139
　　任务1　认识直播和直播文案 ......................................................... 139
　　任务2　直播文案写作技巧 ............................................................. 143

## 模块五　互联网文案传播与 AI 赋能文案写作

项目一 互联网文案传播的特点与影响因素 ............................................. 153
　　任务1　互联网文案传播的特点 ..................................................... 153
　　任务2　互联网文案传播的影响因素 ............................................. 155

项目二 互联网文案传播的方法与渠道 ................................................. 162
　　任务1　互联网文案传播的方法 ..................................................... 162
　　任务2　互联网文案传播的渠道 ..................................................... 165

项目三 互联网文案传播的效果评估与优化策略 ..................................... 171
　　任务1　互联网文案传播的效果评估 ............................................. 171
　　任务2　互联网文案传播的优化策略 ............................................. 176

项目四 AI 赋能文案写作 ....................................................................... 180
　　任务1　认识 AI 赋能互联网文案写作的工具 ............................... 180
　　任务2　学习 AI 赋能互联网文案写作的案例 ............................... 184

# 前　言

随着人工智能、大数据、元宇宙等新技术的发展,社会经历了翻天覆地的变化。这些新技术的应用,离不开互联网。互联网已经成为人们生活中不可或缺的一部分,无论是品牌宣传、产品营销、商务洽谈,还是信息获取、知识学习、技能提升,都离不开它。从生活杂事的处理到工作沟通,从日常点滴的分享到个人修养提升,互联网无处不在,已经融入人们的生活、学习、工作。互联网文案作为一种特殊的内容创作形式,与小红书、微信、微博、大众点评、抖音等新媒体紧密相连,在产品推广、新媒体营销、电子商务等方面发挥着重要的作用。互联网文案写作,不是文字的简单堆砌,更是一门艺术和科学,需要解读受众目标,紧扣目标主题,精心策划内容,创意表达传播。本书旨在让学习者了解互联网文案的基本概念、写作方法、实践技巧和最新趋势,通过理论与实践相结合的方式,为学习者呈现不同类型互联网文案写作的特点和方法,帮助其掌握互联网文案写作的核心技能。

本书的特点主要体现在以下几个方面:

1. 理论与实践相结合。本书紧跟时代步伐,强调新理念的引领,从互联网文案基础出发,融合理论知识与实践训练。各模块均涵盖理论与实训,旨在通过二者的结合,深化学习者对互联网知识与技能的理解与掌握。

2. 工具与技巧相融合。本书致力于传授实用工具与技巧,通过介绍 AI 赋能工具,让学习者洞悉人工智能背景下的文案写作秘诀,并结合案例详述工具应用方法,手把手教学,使 AI 技术真正助力写作,提升文案创作效率与便捷性。

3. 方法和案例相契合。本书注重互联网文案写作方法的介绍,并通过案例的形式来分析和讨论,以便学习者深入了解品牌、产品、图文、短视频文案等不同类型文案写作的思路和方法,鼓励受众保持好奇心和创新精神,让文案写作变得更加容易。

本书由上海非凡进修学院董恩海院长和上海市电视中等专业学校齐元沂老师负责整体策划。模块一由上海非凡进修学院陆腾老师和上海市电视中等专业学校齐元沂老师负责,模块二由上海开放大学张永芬老师负责,模块三、模块四由上海建桥学院张江老师负责,模块五由上海市电视中等专业学校齐元沂老师、生趣老师负责。齐元沂老师对全书进行了统稿。

本书是"开大-电中"中高贯通新路径探索的重要成果之一,是上海市电视中等专业学校"电子商务"专业课程优化改造项目的重要成果体现。本书得到了上海开放大学和上海市电视中等专业学校相关领导的关心和支持,得到了上海交通大学、上海应用技术大学、上海商学院等高校专家的指导,感谢祝红英、沈希等人对资料的精心整理和宝贵建议。同时,本书也引用了诸多期刊、图书等文献资料,在此一并致谢。

由于编写时间仓促,本书中的不当之处,欢迎专家、同行及使用本书的教师提出宝贵意见。

编者

# 模块一　互联网文案基础

随着数字技术、计算机网络及移动互联网的发展，新媒体作为一种新的媒体渠道，已被广泛接受并应用于信息传播领域。新媒体是利用数字技术，通过互联网、移动通信网等渠道，向受众提供信息和服务的媒体形式。新媒体平台逐步成为集商家、企业和个人的商业营销、文化娱乐、内容创作、社会服务等多种功能于一体的重要载体。互联网文案在此背景下应运而生，在产品营销、感悟分享、市场推广等方面发挥着重要的作用。本模块主要介绍互联网文案的基本概念、文案的基本写作方法、文案的创意策划和市场调研方法，旨在引导学习者深入学习互联网文案基础知识，提升写作技能，并使他们认识到优秀文案在市场营销实践及个人职业发展中的关键作用。

## 学习目标

1. 了解互联网文案的基本概念。
2. 了解互联网文案的发展趋势。
3. 掌握互联网文案的基本写作方法。
4. 学会互联网文案的创意策划方法。
5. 掌握基础的市场调研方法。

# 项目一　初始互联网文案

## 任务1　互联网文案的概念

### 任务描述

"文案"旧时指官署中的公文、书信等,现在多指企业的事务性文字。也指做这种工作的人员。那么,互联网文案是什么呢?通过本任务的学习,学习者将能够了解互联网文案的概念、类型和特点,进而尝试构思互联网文案。

### 任务要点

#### 1. 文案的概念

文案是一个具有多重维度的概念。从社会商业视角审视,文案不仅是广告和市场营销的核心组成部分,还体现了创作与表达的艺术魅力,更是沟通与促销的有效工具。随着文案在商务活动中的作用越来越重要,文案撰写也逐渐演变为一种职业,因此文案也指在公司或企业中负责文字工作的岗位。文案岗位人员主要负责运用文字精准展现创意,并有效执行既定的创意策略。从工作成果角度来看,文案是一种通过文字描述和策划来影响和吸引潜在客户的工具。文案不仅传递产品或服务信息,更需触动消费者情感,激发其兴趣与购买欲,从而提升销售转化率,在市场营销中占据核心地位。

文案实际上是一种表达撰写者思想的载体,为避免千篇一律和快速抓住人的兴趣,往往需要通过创意设计和艺术形式来表达,借助独特的语言和表达方式建立与受众之间的共鸣和联系，因此文案不应该是文字的堆砌，更应该是情感和思想的有效传递。精心策划的文案，能够帮助企业有效地传达信息，建立与目标受众的联系，因此文案还被视为企业与消费者之间建立沟通和信任关系的工具，对企业而言可以促进销售和提升业绩。例如，河南某知名化妆品品牌通过打造名为"美丽秘诀"的系列软文，深入介绍产品的功效和使用方法，同时分享明星和时尚博主的护肤心得。这些软文在社交媒体上广泛传播，有效提升了品牌的知名度和产品销量，增强了消费者对品牌的信任和喜爱。

### 2. 互联网文案的概念

互联网文案一般是指那些通过互联网传播并产生作用的文案。由于互联网传播快、信息繁杂、更新频繁，互联网文案必须首先具有"互联网思维"，即对市场、受众、产品、企业价值链乃至整个商业生态进行重新审视。因此，要求互联网文案具有碎片化、有画面、容易懂、能共鸣、有情绪、多媒体融合等特点，不同于普通文案。

基于互联网载体融合多种数字化元素和互动模式的传播形态可以统称为新媒体传播，相比于传统的广播、电视、报纸和杂志等媒体而言，新媒体传播具有更强的辐射能力和时空穿透特性，其受众可以突破传统媒体的物理限制和渠道。新媒体环境下，一个热门博主的粉丝群体规模，往往能轻松超越普通媒体的受众或观众数量总和。随着移动互联网的普及，新媒体的内涵本身也迅速演化变迁，从最初的门户网站、搜索引擎和数字广播，演变为微博、微信、头条、知乎、抖音、快手等移动传媒。传播的物质载体也由电脑平台转变为手机平台。这些不同载体的内容核心，归根结底仍是文案，故而互联网文案同样可被视为新媒体文案。狭义的新媒体文案包括标题、副标题、广告语、活动主题、说明等，广义的新媒体文案则包括语言文字、创意想法、图片、语音、视频等。

互联网文案的传播机制，在于借助互联网平台，凭借文案内容吸引受众阅读、分享及互动，进而达成信息传播与品牌推广的目的。相较于传统媒体传播，互联网文案传播更具互动性和个性化，传播速度更快，呈现形式更直观，还更具精准定位能力。特别是可以根据受众特征和偏好定向传播，提高传播效果和转化率。

### "江小白"广告文案案例

如图1-1-1所示。其中的文案就是通过和受众共情来展示品牌的定位和价值,诸如"办公室最后关灯的人"与"清晨5点第一笼包子"的描绘,轻易勾起人们对彻夜奋斗岁月的回忆,巧妙地将"酒"与功成后的喜悦、同事间的倾诉与心得分享等场景紧密相连,让人不禁觉得,在此刻,一瓶"江小白"恰如其分。"江小白"酒的受众包括城市白领、各类打工人等不同群体,而不只是纯粹的体力劳动者。企业通过互联网文案的策划,达到了细分市场、引起情感共鸣、引导消费的目的。

图1-1-1 "江小白"广告文案

### 3. 了解互联网文案的类型

互联网文案,作为数字营销和传播的重要组成部分,承担着吸引注意、传递信息、促进交易等多重任务。随着互联网技术的迅猛发展和受众行为的日趋多元化,文案类型也在不断演变和拓展。根据传播渠道、发布目的、表现形式、内容功能、内容篇幅等的不同,可以将互联网文案划分为不同的类型。依据传播渠道,互联网文案可分为电商平台文案、社交媒体文案、短视频平台文案等;依据发布目的,则有品牌宣传文案与产品营销文案;从表现形式来看,图文结合型、视听融合型、结构化文案各具特色;而按篇幅长短,又可简单分为长文案与短文案两大类。长文案一般指的是字数超过1000字的文案。下面介绍几种典型的互联网文案。

(1) 广告文案

广告文案是互联网文案中最常见的一种类型,旨在直接或间接地推广产品、服务或品牌。这类文案通常具有高度的创意和吸引力,通过有趣、引人入胜的方式,激发目标受众的兴趣和购买欲望。广告文案形式多样,包括搜索引擎广告、社交媒体广告、网站横幅广告以及各种弹窗广告等。文案的落脚点往往是某一产品的销售页面或商业网站。

(2) 内容营销文案

内容营销文案,俗称营销软文,常出现在网络上,读者在阅读文章或知识点时,往往会不经意间被引导至某一产品或服务,这正是软文的特点。例如,有的文章介绍如何祛"湿气",在受众接受这一概念后,相关的中成药或者服务的销售就自然而然被接受了。内容营销文案通过提供有价值、有关联和吸引人的内容来建立品牌的权威和信任,进而吸引和保留目标受众。这类文案通常更注重故事性、教育性和娱乐性,其具体形式包括网页文章、电子书、视频脚本等。内容营销文案的目标是通过高质量内容的持续输出,深化与受众的长期关系。

(3) 社交媒体平台文案

随着社交媒体平台的兴起和普及,社交媒体文案成为企业与受众互动和沟通的重要方式。这类文案简短且创意十足,能迅速抓住受众眼球,激发互动欲望。社交媒体文案的目的,往往是增加阅读和转发数量,增加粉丝数等,当固定的受众达到一定的程度,广告和打赏收益也就自然实现了。因此,社交媒体文案需紧跟时事热点和文化潮流,快速传达明确信息或情感。

(4) 产品描述文案

产品描述文案关注向潜在买家介绍产品的特性、好处和使用方法。优秀的产品描述文案应提供充分信息帮助消费者决策,同时以吸引人的语言和格式展现产品独特价值。

(5) SEO 文案

搜索引擎优化(search engine optimization,SEO)文案旨在提高网页在搜索引擎中的排名,吸引更多的自然流量。这类文案侧重于关键词的合理布局和高质量内容的创造,同时保持受众友好和易读性。SEO 文案首要考虑的是搜索引擎规则,涵盖电子商务网站、短视频平台等内部排名机制。

互联网被广泛应用之后,各种信息纷繁复杂,在海量信息中迅速定位并筛选出有价值的内容,已成为消费者的迫切需求,众多受众因此高度依赖搜索引擎,而搜索规则则决定了根据受众需求推送何种内容。一些搜索引擎的关键词,如"外语学习""考研""律考"等,是搜索引擎竞价排名的主要内容,一次点击就价格不菲。电子商务平台的搜索排序规则也是如此。因此,企业不仅要付费参与竞价排名,还需通过优化网页内容和调整关键词,来提高搜索引擎爬虫程序的抓取效率,从而提升网站的综合排名。

在大数据时代,当受众的阅读内容和习惯被机器采集和识别以后,推送指定和类似的内容已经是常态,正是由于搜索、排名和推送规则的中间作用日益明确,针对这些规则特性的 SEO 优化,或者说针对机器识别的优化就显得更为重要。SEO 文案的目标不仅限于搜索引擎优化,更在于为受众提供实用信息和有效解决方案,以满足其实际需求。

### 4. 互联网文案的特点

互联网文案在数字营销与品牌传播中起着举足轻重的作用。在数字营销的时代,精心打磨的文案是连接品牌和消费者之间的重要桥梁,其重要性不容忽视。互联网文案旨在有效传递信息,是成就文字的艺术。掌握互联网文案精髓,文案作者能打造吸睛且高效的内容,吸引关注、提升参与、驱动消费,助力品牌在数字洪流中闪耀。

（1）简洁明了

互联网受众的注意力非常有限,因此文案需要迅速抓住受众的眼球。有一些媒体如微博,本身对发布的字数有限制,有效的互联网文案往往是简洁且直接的,能够在短时间内清晰传达核心信息和价值主张。互联网受众接触媒体的时间往往是碎片化的,例如上下班途中或者饭后休息时间,过于冗长和复杂的表述往往对受众起到"驱赶"作用,因此让受众能够快速理解所传达的内容,简洁明了是最基本的要求。

（2）引人入胜

为了吸引和维持受众的注意力,互联网文案往往采用引人入胜的开头,如提出一个问题,分享一个令人惊讶的事实或讲述一个吸引人的故事。这种方式能激发受众好奇,引导他们继续探索。在碎片化时代,人们集中注意力的时间平均不超过 8 秒,因此在受众浏览文字或视频时,耐心往往有限。研究显示,人们在多任务情境中的注意力切换频繁且迅速,年轻人尤其如此。因此,通过标题或开头立即抓住受众的兴趣点,是确保整体文案能够被受众完整接收的关键。

(3) 情感共鸣

成功的互联网文案能够触动人们的情感,与受众建立情感上的连接。它凭借生动的语言和细腻的描述,以及讲述引人共鸣的故事,激发受众的同情心、愉悦感或归属感。这种情感上的共鸣有助于加深受众对品牌的印象和忠诚度。

(4) 明确的行动号召

互联网文案通常包含一个明确的行动号召,鼓励受众采取某种行动,如购买产品、注册服务或参与活动。优秀的行动号召设计应直观易懂,能高效引导受众采取下一步行动。

(5) 面向搜索引擎

在互联网上,被受众发现的能力同样重要。因此,优质文案需合理利用关键词,打造有价值内容并优化标题标签,以提升搜索引擎排名,增强文案可见度。近年来,搜索引擎已经有被取代的趋势,例如购物网站的推荐和搜索,短视频网站的搜索,以及以 AI 为内核的检索和智能问答系统等,SEO 优化的范围和规则已经不局限于文字图片的搜索引擎,而需要针对各种新媒体趋势和新规则,重新研究和适应。

(6) 适应性和多样性

随着移动互联网和短视频的兴起,互联网文案需要适应不同的平台和媒介,如社交媒体、电子邮件、网站等。每个平台都有其独特的语言风格和受众预期,故文案创作需兼顾这些因素,确保信息被精准传达。同时,文案撰写时须考虑"一稿多用",即在保持核心内容不变的情况下,灵活调整其展现形式以适应不同媒体的发布格式和要求。

### 课后实训

根据互联网文案的类型和特点,选取某一种类型的文案,并通过互联网检索一个案例进行分析。

### 课后思考

1. 一般情况下,你会被互联网文案的哪一部分首先吸引?(标题、文案内容、文案的人物画面、其他)
2. 通常你用多长时间思考要不要完整阅读一篇文案?
3. 通常什么样的文案会让你有进一步读下去的意愿?
4. 通常什么样的文案会让你有购买产品或服务的欲望?

## 任务 2　互联网文案的发展趋势

### 任务描述

互联网文案在现代营销中不仅是传递信息的媒介,更是品牌建设、产品推广以及受众体验的关键环节,也是影响消费者购买决策的关键因素。随着互联网技术的不断发展和消费者需求的不断变化,互联网文案也在不断创新和进化,成为现代营销的重要利器,为企业赢得市场竞争优势提供了强有力的支持。通过本任务的学习,学习者将了解互联网文案与现代营销的关系、互联网文案的发展趋势和该行业的职业发展前景。

### 任务要点

#### 1. 互联网文案与现代营销发展紧密结合

(1) 品牌营销

随着市场竞争的加剧,企业对于品牌建设和产品推广的需求日益迫切。而互联网文案作为一种低成本、高效率的营销手段,受到越来越多企业的青睐。良好的互联网文案不仅仅是文字的排列组合,更是对品牌文化、理念、价值观的传达和展示。通过情感化、可视化和专业性的品牌传播文案,企业能够赢得消费者的青睐,与其建立情感联系,塑造独特的品牌形象,并提升品牌认知度和美誉度。例如,某咖啡品牌通过温馨的文案和图片传递品牌"温度",增强顾客对品牌的忠诚度；某化妆品品牌通过展示产品特点和优势，提高产品的认知度和吸引力。这些策略有助于促进产品和服务的营销业绩，实现商业价值最大化。

*(2) 产品和服务推广*

在互联网时代，消费者越来越倾向于通过在线渠道进行购物。精心策划的互联网文案能使产品在激烈的市场竞争中崭露头角，有效提升销售量。通过巧妙的文字表达和图片搭配，互联网文案能够生动地展现产品的特点和优势，吸引消费者的注意力，进而达成销售行为。

*(3) 受众体验*

优质的互联网文案不仅仅是产品或服务的简单描述，更是提升受众体验的重要因素。简洁明了的互联网文案，助力消费者迅速掌握产品精髓，消除使用障碍，提升满意度。而融入情感元素的文案，则能深化品牌与受众的情感纽带，点燃购买激情，有效提升转化率。

### 2. 互联网文案与科技的发展紧密结合

随着互联网技术的不断进步，加上物联网、大数据、云计算等技术的应用，互联网文案的创作和传播方式发生了显著变化。这些技术不仅扩展了统计工作的实践范围，还促进了企业统计工作的创新，为文案策划行业带来了新的发展机遇。同时，技术进步也满足了受众需求的变化和文化交流的需求，共同推动互联网文案的不断发展和壮大。互联网文案不仅是商业营销的利器，也是文化传承的媒介。未来，随着互联网技术的不断创新和消费者需求的不断变化，互联网文案将会在信息传播和文化交流领域发挥着越来越重要的作用。

*(1) 技术的进步*

随着数字技术的不断发展，各种互联网平台的兴起，如社交媒体、电子商务平台等，为互联网文案的推广提供了更为广阔的舞台。新兴的技术手段，如人工智能、大数据分析等，为互联网文案的创作和优化提供了更多可能性。技术的飞跃，不仅让文案传播如虎添翼，精准高效，更为创作者开辟了广阔天地，催生了文案创作的无限可能。

例如，随着人工智能技术的不断进步，互联网文案创作将更加智能化和个性化。借助大数据分析和智能算法，互联网文案能精准捕捉不同受众群体的需求与偏好，实现个性化内容的推送与传播，从而极大提升受众体验与参与度。

**(2) 受众需求的变化**

随着消费者观念和行为方式的变化,受众对于互联网文案的需求也在不断演变。现代消费者愈发追求个性化、情感化的体验,渴望从互联网文案中汲取有价值、有共鸣的信息。因此,为了满足受众需求,互联网文案创作者需要不断创新,结合受众的心理和情感特点,打造出更具吸引力和感染力的文案作品。

视频化与图文并茂正逐步成为互联网文案发展的主流趋势。随着视频内容在互联网上的流行和普及,互联网文案将更多地向视频化方向发展,结合文字、图片和视频等多种形式,丰富内容表达方式,提升信息传播的效果和吸引力。

随着社交媒体的兴起和发展,受众参与已成为内容传播的重要环节。优秀的互联网文案需兼具引人入胜的故事性与情感共鸣,以此激发受众的参与热情与互动意愿,进而实现内容的广泛传播与扩散,有力提升品牌影响力与受众忠诚度。

**(3) 文化交流的需求**

互联网文案不仅是商业营销的工具,也是文化交流的桥梁。随着全球化进程的加速,人们之间的文化交流和信息传播日益频繁。随着互联网科技的全球化进程加速,互联网文案的传播不再受限于地域和语言,而能够跨越国界进行广泛传播和交流。例如,中国的网络文学作品通过多语种翻译和 AI 翻译技术,成功进入东南亚、北美、欧洲和非洲的 40 多个国家和地区,实现了文化的国际交流。互联网文案将更加注重国际化视野和跨文化交流,通过优秀的文案创作,实现不同文化背景下的情感共鸣和价值传递。

互联网文案的卓越之处在于其能够超越地理和语言的界限,传播多元文化背景下的思想与观念,从而推动不同文化之间的交流与融合。互联网文案的跨平台和全球化将推动人类文明的进步,继续在信息传播和文化交流领域发挥着越来越重要的作用。

**3. 互联网文案与个人的职业发展紧密结合**

互联网文案对人才的要求和职责较为明确,但职业发展的道路却是充满挑战和机遇的。唯有不断提升专业素养,秉持积极进取之心,方能在互联网文案领域取得长足发展与辉煌成就。

**(1) 岗位要求**

互联网文案作为一个专业的岗位是一项需要高度专业能力和创造性思维的

工作，通常对互联网文案人才的基本要求包括文字功底、互联网素养、市场营销意识、团队合作能力、创新意识、抗压能力等。

**文字功底**。熟练掌握中文写作技巧，具备良好的文字功底和表达能力，能够准确、流畅地表达思想。

**互联网素养**。具备良好的互联网素养，了解互联网的基本原理和运作方式，对各种互联网平台有一定的了解和使用经验。

**市场营销意识**。拥有出色的市场营销意识与敏锐的洞察力，能够精准捕捉受众需求及市场动态，为营销活动提供强有力的策略支持。

**团队合作能力**。展现出卓越的团队合作精神，能够高效协同产品、设计、运营等部门，共同推动项目任务的顺利完成。

**创新意识**。拥有创新精神与敏锐的思维能力，能够持续产出新颖独特、引人入胜的文案内容，牢牢吸引受众目光。

**抗压能力**。具备良好的抗压能力和应变能力，能够在较高的工作强度下保持高效率和高质量地工作。

（2）岗位职责

互联网文案岗位的职责主要包括文案策划、文案创作、文案优化、文案审核、项目协调等。

**文案策划**。文案策划是指根据产品特点和市场需求，制订文案策划方案，确定文案创作的主题和风格。

**文案创作**。文案创作是指负责撰写产品推广文案、活动策划文案、广告宣传文案等，确保文案内容简洁明了、富有吸引力。

**文案优化**。文案优化是指不断优化文案内容，根据受众反馈和数据分析结果，调整文案表达方式和内容结构，提升文案的转化率和效果。

**文案审核**。文案审核是指负责审核产品页面、广告位等相关内容的文案，确保文案内容准确无误，符合公司形象和品牌要求。

**项目协调**。项目协调是指与产品、设计、运营等部门协调配合，共同完成项目任务，保证项目进度和质量。

（3）职业目标

互联网文案人才的职业目标通常包括提升专业能力、实现职业晋升、创作优秀作品、成为行业领军人才等。

**提升专业能力。** 即不断强化文案创作技巧与互联网知识,拓宽视野,紧跟行业动态,确保技能与时俱进。

**实现职业晋升。** 意味着通过不懈学习与勤勉工作,逐步攀升职业阶梯,提升地位与待遇,推动个人事业稳步前行。

**创作优秀作品。** 旨在产出更多高质量文案,赢得行业内外广泛认可,塑造个人品牌,树立良好行业形象。

**成为行业领军人才。** 即通过持续的努力和积累,成为行业内的领军人才和专家,为行业发展作出重要贡献。

(4) 职业发展

互联网文案人员的职业发展路径通常包括初级阶段、中级阶段、高级阶段和领导阶段。

**初级阶段。** 初级阶段人员主要负责文案的撰写和优化工作,积累相关经验。

**中级阶段。** 中级阶段人员指逐步承担更多的项目协调和文案策划工作,参与项目的整体规划和执行。

**高级阶段。** 高级阶段人员拥有丰富的文案经验和专业知识,能够独立策划并执行重大项目,担任团队领航者或专业顾问角色。

**领导阶段。** 领导阶段人员是行业内的领军人才和专家,具备较高的行业影响力和知名度,能够为行业的发展做出重要贡献。

## 课后实训

随着时代的发展,互联网文案的发展变化是很快的,结合你所从事的领域,搜集相关材料,分析现阶段互联网文案的发展趋势。

## 课后思考

1. 作为一个互联网受众,什么样的互联网文案会吸引你的关注?
2. 作为一个拟从事互联网文案的人员,你准备做哪些知识储备?
3. 如果从事互联网文案工作,你准备应聘哪些岗位?

# 项目二　文案写作基本方法

## 任务1　文案构思与写作步骤

### 任务描述

以受众为中心，实现可视化表达，调动受众情绪，引发受众共鸣，是文案创意成功的关键。互联网文案的撰写首先需要有好的构思，那么如何构思文案，特别是运用互联网思维构思文案呢？通过本任务的学习，学习者将了解用互联网思维写作互联网文案的基本步骤。

### 任务要点

#### 1. 互联网思维

互联网文案创意的成功与否往往取决于是否能够运用互联网思维，包括理解目标受众、确定核心卖点、使用简洁明了的语言以及突出品牌特色等几个部分。持续的改进和创新，结合互联网思维，为文案创作注入更多活力和创意，提升品牌在互联网营销中的竞争力。

（1）受众视角与共鸣

互联网思维的首要原则是以受众为中心。因此，必须深入了解目标受众的需求、喜好和行为习惯，从受众视角出发，为其量身定制文案内容。受众在阅读文案时，希望能够轻松理解内容，同时得到有用的信息。优化文案格式、巧妙调动受众情绪并引发其共鸣，可以显著提升阅读体验，使受众更乐于接受信息，从而增强对品牌的认知与好感。只有真正理解受众，才能创作出引人注目的文案。

吸引受众的关注和参与。

（2）可视化表达

互联网时代强调内容的可视化表达。在文案创意过程中，利用图像、视频等可视化元素，更直观地展示产品或服务特点，吸引受众眼球、提升文案的传播效果。生动的可视化表达，可以让文案更容易被受众理解和表达。

（3）文案内容

文案内容应力求精炼，直击要点。使用简洁明了的语言，摒弃冗长繁琐的句式，确保受众能迅速捕捉到关键信息。文案标题应具备吸引力。一个具有足够吸引力的标题可以让人快速产生兴趣，进而愿意继续阅读文案内容。

（4）增强信任

运用清晰的排版与格式，辅以权威数据和真实案例，能够有效提升文案的可信度与说服力。受众更倾向于相信有条理、专业的文案，也会因此加深对品牌的信任。

（5）视觉冲击

在文案的排版和设计中，注重视觉冲击也是重要的一环。合理运用标题、字体及字体大小、字体颜色等元素，结合优质图片和图表，可以吸引受众的眼球，提升文案的阅读价值和吸引力。在排版与设计方面，要注重整体的美感和布局。合理分段，恰当运用标点符号以及突出重点等技巧，可以显著提升文案的可读性和吸引力，进而更有效地传达信息。

**2. 互联网文案写作的步骤**

互联网文案写作是一个系统的过程，只有经过系统地策划和精心地执行，才能创作出高质量、具有影响力的互联网文案。一般来说，互联网文案的写作步骤包括分析市场环境与受众、确定文案主题、编写文案正文以及修订优化文案。

（1）分析市场环境与受众

**市场环境。** 市场环境是影响营销推广效果和生产销售情况的重要因素。分析市场环境需涵盖同类产品的投放规模与成效、产品特点以及市场趋势等多个方面。对市场分析得越深，越有利于找准定位，越容易设计出具有竞争力的文案。每篇文案都有自己的主要受众，不同的受众有不同的喜好和关注点，明确目标受众的需求和偏好，有助于确定文案的写作方向和重点。

**受众分析。**受众分析包括社会角色分析、受众心理分析等。分析受众的社会角色能够快速找准产品定位,对受众的心理动机进行分析有利于把握不同受众的消费倾向,有利于帮助文案人员确定文案叙述方式、表达策略和写作风格。

(2) 确定文案主题

文案主题贯穿文案写作的整个过程,文案主题的好坏直接影响文案的质量。文案主题需要从文案内容的角度来确定,目的是引起受众的关注、浏览、讨论、分享、回应和传播。一般来说,文案主题要与日常生活相关联、与受众人群相关联、与热点事件相关联等。

(3) 编写文案正文

围绕文案的主题,文案人员开始对文案正文进行构思和撰写。文案正文构思涵盖内容、结构、协调性及个性化元素。须确保内容紧扣主题、结构合理、适应平台规范,并融入个性化特色,以清晰传达信息并吸引受众。

(4) 修订优化方案

文案完成后,要经过第三者的审阅和评估。文案发布后,可以通过数据、目标受众反馈等方式对文案的效果进行分析,并根据实际情况进行文案的优化和完善,不断提高文案的质量和水平。

## 课后实训

假设你要为一个手机品牌写一篇文案,你会选择什么主题?请列出你的写作构思过程。

## 课后思考

你觉得除了互联网思维,我们还需要培养什么样的思维能力来促进文案的构思和写作?

## 任务 2  基本原则与方法

### 任务描述

互联网文案是一种以文字为主要载体的营销内容,旨在通过巧妙的创作手法,在网络环境中推广产品、服务或品牌等。它不同于广告那种直截了当的推销手法,而是采用一种更为含蓄、更容易获得受众青睐的表达方式。通过本任务的学习,学习者将了解和掌握互联网文案写作基本的原则、流程和方法。

### 任务要点

#### 1. 互联网文案写作的原则

在信息爆炸的时代,互联网文案已成为企业营销不可或缺的一部分,它通过提供有价值的内容来满足受众需求,帮助企业建立品牌影响力和提高销售业绩。传统的文案往往以自我为中心,忽视了与用户的互动和价值传递。现在人们已经逐渐意识到,从"我有什么"转变为"我能给你什么"是撰写互联网文案必须重视的核心原则。

---

**智能音箱广告文案案例**

图 1-2-1 中,广告突出了"保护宝宝""陪宝宝"的作用,这对有育儿需求的用户群体而言比单纯介绍"价廉物美、质量上乘"或者"超长待机、完美音质"更能打动目标用户。

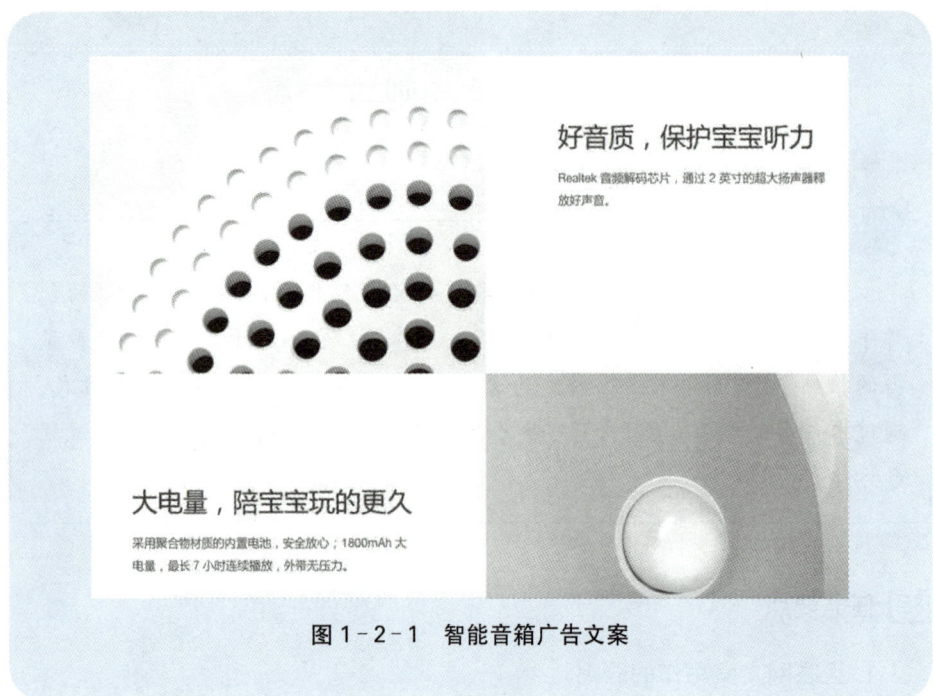

图 1-2-1 智能音箱广告文案

(1) 关注受众需求

传统文案常常只关注自身产品或服务的优点,忽视了受众的真实需求。在撰写互联网文案时,需深入洞察目标受众的需求和痛点,进而提供更具价值的内容,使受众在阅读过程中切实感受到帮助。

(2) 强调受众收益

在文案中,强调产品或服务的功能特点固然重要,但更重要的是强调受众从中所获得的收益和利益。突出产品的优势如何解决受众问题、改善生活,引导受众产生共鸣和认同,从而提高文案的吸引力和说服力。

(3) 提供有用信息

互联网文案的价值在于提供有用的信息和知识,而不仅仅是产品的宣传。在撰写文案时,务必强调内容的知识深度与实用性,为受众提供宝贵的信息与实用建议,确保其能从阅读中汲取价值,收获满满的成就感。

### （4）引导行动与交互

好的互联网文案应当引导受众采取行动，并提供交互的机会，借助精心设计的引导性链接、按钮及购买提示，巧妙激发受众的购买热情，进而推动交易的顺利完成。此外，还可积极邀请受众在评论区发表见解、分享心得，以此构建与受众之间的紧密互动与深厚联系。

### （5）撰写公式

**利益相关法。** 基本公式为【谁】+【怎么做】+【可以得到什么好处】。例如，"立刻关注，免费领2个月超级会员"。

**标签相关法。** 基本公式为【谁】+【怎么做/什么事】+【结果】。例如："99元薅机票，联合国认证的美食之都，最近去超划算！"

**生活相关法。** 例如，"地震面前，这些保险能够'雪中送炭'"，"这几个生活陋习会加重你的容颜衰老"。

## 2. 善用"对比法"

互联网文案撰写可以用对比法，如前后对比、竞争对比等策略，展现产品优势，吸引受众目光，进而激发受众的购买欲望，促成交易决策。

### （1）前后对比

在互联网文案中，通过前后对比的方式来展示产品或服务的优势和改进之处，这样能够更直观地传达出产品的优势。借助往昔与今朝的鲜明对比，受众可直观见证产品的迭代升级，进而坚定其购买信念。例如："十年前的她皮肤暗黄无光泽，再见面肌肤细润如脂。"

### （2）竞争对比

在文案创作中，竞争对比是一种常见的策略，通过将自家产品与竞争对手的产品进行对比，能基于事实数据直观地凸显自身产品的优势和特点。具体来说，文案可聚焦自家产品在功能、性能、价格等方面的优势，借助这样的对比，受众能更清晰地认识产品价值，从而更倾向于选择自家产品，从而提高销量和市场占有率。

### （3）引导消费决策

文案的目的是引导消费决策，通过对比的方法能够帮助消费者更清晰地了解产品的优点和特色，从而做出更明智的购买决定。彰显产品优势，力推高性价比的服务与体验，直击消费者痛点，有助于驱动购买行为。

**(4) 强调差异化优势**

在互联网文案中,强调产品的差异化优势是非常重要的。通过差异化分析,凸显产品与其他同类产品的不同之处,这样产品便可在竞争中脱颖而出,赢得消费者的青睐和信任。

### 3. 避免"标题党"

人们经常被一些互联网文案标题所吸引,例如:"测一测你今年的运势如何?""那些裸辞的人后来都怎么样了?""据说它是世界上最聪明的动物""不节食不运动,轻松享受10斤""我一个10年的闺蜜拉黑了我……",这类标题就是利用了人的好奇心理达到增加点击量的效果,正如俗语所说"好奇害死猫"。但在互联网文案撰写中也需要注意把握尺度,以防不良后果。如果标题过度夸张,而内容与标题并不相符,就容易被称为"标题党"。

**(1) 引发好奇心**

互联网文案往往通过各种方式引发受众的好奇心,吸引他们点击阅读。好奇心作为人类本能,驱动着人们探索未知,满足求知渴望,进而吸引他们关注并深入阅读文案。

**(2) 控制信息量**

尽管好奇心是一种积极的动力,但在文案撰写中,需要控制信息量和内容的揭示程度。过度煽情或隐瞒信息,均可能激起受众反感,甚至误导其做出不利决策。

**(3) 提供有益信息**

在撰写互联网文案时,应该注重提供有益的信息和知识,而不是仅仅靠标题党或夸张的描述来吸引受众。良好的文案内容应该真实、可靠,能够为受众提供有价值的信息和启发。

**(4) 警示风险和注意事项**

文案若涉及风险或潜在危害,务必明确警示受众,并细致提醒注意事项,确保安全利益不受损,同时巧妙激发好奇心。

### 4. 善打"感情牌"

在互联网时代,文案作为一种重要的营销手段,其撰写方式和表达技巧至关重要。用情感打动人是常用策略,情感化表达能触动心弦,引发共鸣,有益于增强感情连接,进而提升文案吸引力与影响力。简单来说,就是利用人的喜、怒、哀、惧，引起共鸣，达到传递产品信息的目的。

（1）情感化的表达

在互联网文案中，情感化的表达是吸引受众的关键。运用生动描述与温情情感，激发受众共鸣，赢得情感认同。情感化的表达可以增加文案的感染力和吸引力，让受众更容易被打动。

（2）讲述真实故事

通过讲述真实的故事，可以让文案更加具有情感力量和说服力。真实故事触动情感，促进共鸣与认同，使受众更易接受文案信息。

（3）引发共鸣和情感连接

通过情感化的表达和真实的故事，文案可以引发受众的共鸣和情感连接。受众在阅读文案时，会因情感共鸣而加深信任与认同，文案的说服力和影响力也由此提升。

（4）创造情感氛围

在文案中，可以通过情感词语、情绪色彩的渲染，创造出一种温暖、感人的情感氛围。这种情感氛围能激发受众的愉悦与感动，增强文案的吸引力，延长用户为其停留的时间。

**5. 吸引受众的其他方法**

在互联网时代，文案作为一种重要的营销工具，具有广泛的应用范围。除了常见的撰写策略，如情感化的表达和讲述真实故事，还有一些其他方法，可以帮助文案更好地吸引受众的注意力、引发情感共鸣，增强信任感，最终激发消费欲望。

（1）设计有吸引力的标题

文案的标题是吸引受众的第一步。一个吸引人的标题可以让受众在第一时间被吸引，进而点击阅读。在互联网文案中，标题要简洁明了、直击主题，突出文章的核心内容，快速引起受众的好奇心和兴趣。

（2）使内容具有代入感

优秀文案应具代入感，通过生动描写和具体情境，让受众身临其境，感同身受，进而激发共鸣，促使他们深入阅读，了解更多。

（3）建立受众的信任感

在文案中，建立受众的信任感尤为重要。运用真实案例、权威数据和客户评价,强化文案真实性,提升受众信任,激发购买欲望,促成交易。

(4) 直击痛点法和数字法相结合

直击痛点法指的是深入洞察目标受众的需求、困扰,创作文案的方法。用这样的方法能够引起受众的共鸣,让受众觉得文案所描述的正是自己所面临的情况,从而激发受众对产品或服务的兴趣和购买欲望。例如,对于经常加班导致身体疲劳的上班族,文案可以通过"加班后身体疲惫"直接点明上班族的痛点,并提出解决方案"使用天然草本舒缓按摩精油",吸引目标受众的关注。

数字法则是指巧妙运用具体数字传达信息的方法,它使文案直观清晰,增强说服力,便于受众理解和记忆。比如,"28 天,减掉 15 斤的科学减肥方法"让消费者更直观地感受到产品的优势,从而增加对产品的信任。

### 课后实训

通过互联网检索某款手机的广告文案,分析产品与受众定位,思考如果你是经销商,会选择什么平台对其进行推广。

### 课后思考

对比"我什么也看不见"和"春天到了,可是我什么也看不见!"想一想,这两句广告词,分别传递给受众什么样的理念。

# 项目三 互联网文案创意策划

## 任务 1 创新思维方法

> **任务描述**
>
> 在互联网文案策划中,创意非常重要。产生创意的前提是具有创新思维,创新思维是指以新颖独创的方法解决问题的思维过程,通过这种思维能突破常规思维的界限,以超常规甚至反常规的方法、视角去思考问题,提出与众不同的解决方案,如加法思维、减法思维、逆向思维、发散思维等。通过本任务的学习,学习者将了解头脑风暴法、九宫格思考法、元素组合法、发散思维法、金字塔结构法等不同方法的特点,进而学会将相关方法运用在互联网文案策划之中。

### 任务要点

**1. 头脑风暴法:释放集体的创造力**

(1) 定义

头脑风暴法是一种被广泛运用于创意构思与问题解决领域的思维方法。其核心在于通过集体讨论激发思维的碰撞,挖掘团队的创造力与想象力,寻求最佳解决方案。实施过程中,须构建开放包容的环境,鼓励参与者自由想象,提出多样可能性,进而催生新想法。

(2) 方法

**确定目标。**在启动头脑风暴前,务必清晰界定要攻克的问题或期望达成的目标。明确的目标犹如导航灯塔，指引参与者聚焦思维，使头脑风暴活动更加有的放矢。常见做法是将目标醒目地列在白板或纸张上，强化视觉冲击，时刻提醒参与者思考方向。

**创造开放的环境。**营造一个自由、开放的氛围，是头脑风暴成功的关键。应激励参与者放下包袱，勇于提出见解，无论这些想法初听起来多么超乎寻常，都应悉数记录备案。

**鼓励大胆发言。**确保每位参与者均能畅所欲言，不受任何批评与质疑的束缚。唯有如此，才能激发更多创新思维，让参与者在思想的碰撞中迸发更多灵感火花。

**记录和整理。**头脑风暴过程中，应及时捕捉并记录所有涌现的想法与建议。可借助书写、绘图、贴纸等多样化手段记录，随后对这些记录进行系统的整理分类，以便后续分析。

**评估和筛选。**头脑风暴结束后，要依据既定目标与方案的可行性，对众多想法展开评估筛选，挑选出最具潜力的几个方案，用于后续深入研究与细化开发。

（3）实践

在实际工作场景中，许多企业与团队通过应用头脑风暴法，成功地激发了创新思维，解决了复杂的问题，并取得了显著的成果。例如，某互联网公司在研发一款新的社交软件时，面临功能设计缺乏新意的困境。团队运用头脑风暴法，组织了一场全员参与的讨论。在开放的环境中，有人提出增加虚拟宠物互动功能，让受众可以通过软件养宠物并和其他受众的宠物互动；有人建议开发实时翻译功能，方便不同语言的用户交流。这些大胆的想法经过记录、评估与筛选，部分被巧妙融入产品设计中，令该社交软件一经面世便广受好评，迅速在市场中崭露头角。

头脑风暴法适用于各种问题解决和创意产生的场景。头脑风暴能够汇聚团队智慧，激发无限的创造力，迅速锁定解决问题的最优路径，为企业和团队的发展增添强劲动力。

**2. 九宫格思考法：挖掘潜力的捷径**

（1）定义

九宫格思考法通过将问题或主题置于九宫格中央，并细分为八个方面或部分,引导我们在每个方面深入思考和创意拓展。这种方法旨在帮助人们更全面地审视问题,发现不同的视角和解决方案,从而提升创造力和创新能力。九宫格思考法不仅适用于个人思考,也适用于团队协作,结合分组法或头脑风暴法,能够更好地发挥团队的智慧和创造力,不断创造出更具竞争力和影响力的作品。

(2) 方法

**思维的分解与集中**。九宫格思考法聚焦中心主题,将问题细化为 8 个小部分,有助于我们专注思考每个部分,有效防止思维的跳跃和混乱,确保思考的深度和广度。每个小部分可以代表不同的视角或解决方案,让思维更加有序和清晰。这种分解方式使得复杂的问题变得易于管理,同时确保每个部分都得到充分地关注。

**多角度思考,寻找创新点**。通过九宫格思考法,从不同的角度审视问题,寻找创新点。每个小部分代表不同的思维度,让人们能够思考出更多样化、多元化的解决方案,提升创意的多样性和质量。这种方法鼓励人们跳出常规思维模式,探索新的可能性。例如,围绕"设计一款适合上班族的便携咖啡杯"的中心议题,利用九宫格法参考的角度可以是 Who(相关人)、What(产品特性)、Why(核心价值)、When(使用场景)、Where(使用/销售场景)、How(推广策略)、How much(成本与定价)、Risk(潜在风险)这 8 个维度。

(3) 实践

九宫格思考法可以应用于各个领域的问题解决和创意发散过程中,它的灵活性使其成为解决复杂问题和推动创新的有力工具。以产品设计为例,设计一款新型智能手表时,可以采用九宫格思考分析法,将创意目标置于中心位置,然后围绕中心分别考虑外观设计、功能特点、受众体验、材料选用、价格定位、售后服务、竞争对手、环保考量等关键维度。然后,在每个部分中进行一定的思考和创意发散。

九宫格法有助于团队或个人系统化地探索创新点,形成具有竞争力的解决方案。该方法适用于创新管理、项目策划等领域,能有效激发创造力,挖掘潜在优势。

3. 元素组合法:创意无限可能

(1) 定义

元素组合法通过重新组合不同的元素,创造新的概念、产品或解决方案,挖掘元素间的关联,激发新创意。这种方法灵活高效,广泛应用于问题解决和创新过程,能够帮助人们发掘无限创意,找到新思路和新方法。

(2) 方法

**元素的选择和筛选。** 在运用元素组合法时,首先需要选择合适的元素。这些元素可以是任何与问题或主题相关的事物、概念或特征。接着筛选归类元素,确定潜力组合,为创意发散奠定基础。

**创意的碰撞和融合。** 通过将不同的元素进行组合和融合,创作者可以产生出新颖的创意。创意源自元素碰撞融合,带来意想不到的效果。元素组合法鼓励打破常规,探索元素间的联系,从而激发创意灵感。

(3) 实践

元素组合法在创意发散和解决问题过程中具有广泛应用,尤其在产品设计领域,它通过缩短开发时间、节约成本和降低风险,促使新产品快速开发。在实践中,充分发挥元素组合法的作用,挖掘不同元素之间的潜在联系,能够创造出更具竞争力和影响力的作品。

以产品设计为例,设计新型智能家居产品时,可选元素涵盖智能技术、舒适性、环保材料、用户体验及美观设计,通过巧妙组合这些元素,能创造出既创新又吸引人的产品概念。例如,将智能技术与环保材料结合,设计出一款既智能又环保的家居设备;或者将受众体验与美观设计融合,打造出既实用又美观的产品。

通过元素组合法,设计师能够从多维度探索创意,最终实现更具市场竞争力的产品设计。

### 4. 发散思维法:打破常规、释放可能

(1) 定义

发散思维法旨在鼓励创作者解放思想,尽情发挥想象力。与线性思维不同,它强调无拘无束地产生大量新想法和解决方案,探索各种可能性。作为一种强大的创意激发工具,发散思维法有助于释放无限的创意潜能,推动创新和发展。在现实生活和工作中,灵活运用发散思维法可以打破常规,突破界限,发现新的思路和可能性,为解决问题和推动创新提供新的思维和方法。

(2) 方法

**自由创意。** 发散思维法要求创作者不受限制地自由发挥,让创意自由流动。

在发散思维过程中,创作者勇于尝试各种新想法和思路,持续产生创意,并将其整合优化,以达成更佳的效果。该方法的核心在于倡导思维的开放与多元,防止过早评判或束缚创意的萌芽。

**勇于破冰。**发散思维法助力创作者跨越常规,突破既有界限。这种方法帮助人们摆脱固有的思维模式和局限性,发现新的视角和解决方案,从而推动创新的发展。发散思维法强调跳出常规框架,探索非常规的,甚至是看似不切实际的想法,以激发真正的创新。

(3)实践

在实践中,发散思维法能够帮助团队或个人突破思维定式,找到更具创新性和实用性的解决方案。以产品设计为例,如果要设计一款新型智能手表,可以通过发散思维法来产生创意。创作者可以尝试各种不同的设计方案和功能设置,创造出具有创新性和吸引力的产品概念。例如,可以将智能手表与健康监测、虚拟现实技术或环保材料相结合,探索全新的产品形态和功能组合。

发散思维法使个人或团队得以自由驰骋于创意的广阔天地,挣脱常规思维的枷锁,释放无尽的创意能量,有力推动问题的解决。

### 5. 金字塔结构法:基础扎实的高效结构

(1)定义

金字塔结构法是一种逐层递进、由整体到细节的组织思维方式。它基于简明扼要的核心概念,逐步展开信息,构建出条理清晰、层层递进的结构,便于受众迅速把握要点,理解内容。作为一种优秀的组织思维方式,金字塔结构法以其清晰、简明、层次分明的特点,被广泛运用于各类文案撰写、项目规划以及决策制定等场景中。金字塔结构法帮助创作者构建坚实的思维框架,提升信息传达的高效性和准确性,为工作和生活带来显著便利与效益。

(2)方法

**建立清晰的主题。**金字塔结构法的第一步是确立清晰的主题或核心信息。这个主题应当是整个文案、项目或决策的核心所在,它决定了金字塔结构的顶端。主题的明确性是整个结构的基础,确保后续信息的展开始终围绕核心。

**逐层递进,展开信息。**明确主题后,金字塔结构法逐层展开信息,每层都是对上一层的细化或解释,依次深入,直至细节。这种逐层递进的方式确保了信息的逻辑性和连贯性。

**重点突出，层次分明。**金字塔结构法要求将重点信息放置在较高的层次，以便受众在最短时间内获取关键信息。随着层次向下展开，逐渐进入更加具体和详细的内容。这种设计使得信息传递更加高效，避免了信息过载或混乱。

**提供清晰的导向。**金字塔结构法在各层次均提供明确导向，帮助受众轻松理解信息间的关联与逻辑，有效避免信息混乱。其导向性助力接收者迅速把握要点，并逐步深化对细节的理解。

（3）实践

金字塔结构法应用范围广泛，适用于各种文案撰写、演讲、报告、项目规划等场景。营销文案、新闻报道、学术论文等均可借助金字塔结构法构建清晰有序的信息框架。灵活普适的特点，使其成为信息组织与传递的关键工具。

以新闻报道为例，金字塔结构法要求在标题中提炼出最重要的信息，然后在文章开头以简洁的语言介绍主要内容，接着逐步展开相关信息，直至细节。例如，一篇关于突发事件的报道，标题需包含突发事件的核心信息（如"某地发生重大交通事故"），开头段落简要说明事件的时间、地点和影响，随后逐步展开事故原因、救援进展、专家分析等细节。

通过金字塔结构法，新闻报道能够快速传递关键信息，同时满足受众对细节的需求。通过金字塔结构法，个人或团队能够更高效地组织和传递信息，确保信息传达清晰、有逻辑性，从而提升沟通效果和工作效率。

### 6. 思想迭代法：优化升级创意方法

（1）定义

思想迭代法是通过反复思考、试验与调整，逐步优化思想、方案及产品的方法。该方法注重持续反馈与优化，借助迭代循环，不断提升成果质量。作为系统性思维方法，思想迭代法广泛应用于问题解决、产品优化及项目管理，有力支撑持续创新。思想迭代法有助于创作者在不断变化的环境中保持敏锐的洞察力和灵活的应变能力，通过不断挖掘人们的潜力，持续提升工作和生活的质量，实现个人和组织的持续发展。

（2）方法

**核心理念在于循序渐进，持续优化。**在实践中，人们首先确定一个基本思路或方案，然后通过不断地试验和反馈，不断调整和优化，逐步提升结果的质量和效果。这种方法强调逐步改进，而非一蹴而就，确保每个阶段都能在基于前期的成果上得以再优化。

**强调快速反馈与及时调整。** 实践中,需迅速实施想法或方案,依据实际反馈评估效果,及时调整改进,加速达成目标。快速反馈机制使得问题能够被及时发现并解决,避免资源浪费和方向偏离。

**持续学习,不断进步。** 思想迭代法要求持续学习和不断进步。实践中,人们需累积经验,拓宽知识边界,勇于探索新法,以保持思维的灵动与创新。持续学习将使个人与团队更能顺应变革,强化问题解决之力。

（3）实践

思想迭代法可以应用于各种领域的问题解决和项目管理过程中,它是推动持续创新的重要工具。

以软件开发为例,思想迭代法要求开发团队将项目分解为多个迭代周期,每个周期都包括需求分析、设计、开发、测试和反馈等阶段。在每个迭代周期结束后,团队成员会进行回顾和总结,及时调整和优化下一个迭代周期的计划和目标。例如,在开发一款移动应用时,第一个迭代周期可能专注于核心功能的实现,第二个迭代周期会重点优化受众界面和性能,第三个迭代周期则主攻进一步的功能扩展并修复受众反馈的问题。

思想迭代法助力创作者敏捷响应受众需求,不断精进产品品质。它使个人与团队在多变环境中保持灵活创新,以便持续优化工作方法,终达高质量成果与高效运作。

**7. 其他思维方法**

互联网文案的创作需要充分发挥创造性思维,以吸引受众的注意力并有效传达信息。除了已有的头脑风暴法、九宫格思考法、元素组合法、发散思维法、金字塔结构法和思想迭代法之外,还有其他一些思维方法可以帮助写作者提升文案的质量和效果。

（1）故事化思维法

故事化思维法将产品或服务融入生动故事,以情节抓人眼球,从而巧妙展现产品的特点和优势。好的情节发展和角色塑造将使受众产生共鸣,增强文案的吸引力和影响力。

（2）受众体验思维法

即以受众为中心思考,关注其需求和体验。通过深入了解受众的行为习惯、喜好和痛点，设计出符合受众需求的文案内容，从而提高受众体验和满意度，并在之后结合受众反馈和数据分析，持续优化文案内容。

（3）创新化思维法

创新化思维法要求在创作过程中不断挖掘创新点，突破传统，以独特视角吸引受众。通过创新化思维法，可以创造出与众不同的文案作品，保持品牌的独特性，从而增强其竞争力。

（4）情感化思维法

情感化思维法旨在将情感因素融入文案创作中，通过情感化的表达方式，触动受众的情感，激发其购买欲望。情感化思维法创造激发受众情感共鸣的内容，这样不仅可以提升文案的感染力和吸引力，还可以有效增强受众的情感参与度，提升其对品牌的忠诚度。

（5）钻石思维法

钻石思维法需要创作者通过不同角度的思考，来发现问题的多面性和复杂性，以及其中隐藏的机会和挑战。有了深入的钻研与思考，文案创作的无限潜能与创新亮点才能得以发掘，文案品质与成效也将由此提升。

（6）对比分析思维法

对比分析思维法通过对不同产品或服务的特点与优势的对比分析，有助于更好地明确竞争对手的长短处，发掘自身差异化优势。通过对比分析思维法，创作者可以更好地把握市场动态，找准文案创作的重点和方向。

综上，互联网文案的创作过程需要结合多种思维方法，如从用户角度进行换位思考、采取简单易懂的表达方式、给出具体明确的承诺、考虑类比和对比的使用以及参与感的创造，并通过不断探索和创新，来确保文案内容的独特性、吸引力和影响力。只有充分发挥创造性思维，才能创作出更具创意和价值的互联网文案作品。

### 课后实训

选取自身熟悉的领域，选择某个产品为其策划一份创意文案，并解释在策划过程中你运用了哪些创新思维方法。

### 课后思考

你觉得创新思维方法在互联网文案创意策划方面有哪些优势和不足？

## 任务 2　创意输出与吸引力提升

### 任务描述

在信息爆炸的数字化时代，如何让自己的互联网文案脱颖而出，吸引受众的注意力，成为每一个写作者都需要思考的问题。通过本任务的学习，学习者将了解递进式、三段式、核心扩展式的创意输出方法，学会更多吸引受众关注和参与的方法。

### 任务要点

1. 创意输出方法

（1）递进式

递进式文案创意输出方法的核心理念源自古埃及金字塔的结构。金字塔从底部逐渐向上收缩，最终汇聚于顶点，形成了稳固而高效的结构。和金字塔结构原理相同，金字塔式文案的创作也是从广泛的基础信息开始，逐渐向着核心主题深入，最终呈现出引人注目的结论或精华。

首先，递进式文案需从基础信息着手，涵盖产品或服务的背景、行业现状以及受众需求。这些信息为受众构建主题认知框架，也为后续深入叙述奠定坚实基础。

其次，文案主题需逐步深入，通过故事叙述、案例分析、数据支撑等手段，详细展开内容，从而达到吸引受众关注，提升可读性和吸引力的效果。

再次，递进式文案需强调核心信息，在深入主题的过程中，将关键观点突出展示，确保受众能够准确理解和记忆文案精髓。

最后，递进式文案要求在结尾部分，对前文的内容进行总结或提出结论。这有助于强化文案的逻辑和连贯性,同时让受众对文案的核心观点有更深的印象。

总体而言,递进式文案创意输出方法以其高效的叙事结构,助力创作者以引人入胜的方式传递信息,吸引受众目光,并激发共鸣。从基础信息开始,逐步深入主题,突出重点,最后给予总结或结论,完成整个过程之后,可以构建出具有吸引力和说服力的文案作品。

(2) 三段式

三段式文案创意输出方法的核心思想是将文案内容分为三个关键段落:引入、展开和结论。每个段落都有其特定的功能,组合在一起共同构成了一个完整而有条理的叙事结构。

首先,引入段落起到了吸引受众注意力的作用。此段落中,文案创作者常采用引人入胜的开头、震撼人心的事实或发人深省的问题,以迅速抓住受众的注意力。引入段落的目的是激发受众的好奇心,引导他们继续阅读下去。

其次,展开段落用来详细阐述主题或提供相关信息。在这一段落中,文案创作者会展开主题,提供更多的背景信息、案例分析、数据支持等内容,以使受众对文案的主题有更深入地理解。展开段落作为文案的核心,承载着传递关键信息和观点的重任。

最后,结论段落起到总结和点睛之笔的作用,主要是对前文的内容进行总结,并提出结论或呼吁行动。此段落旨在强化文案的逻辑连贯性,确保受众阅读后能记住并清晰理解文案的核心观点。

三段式文案的优势在于简洁明了、结构清晰,通过引入、展开、结论的三段式布局,增强文案的说服力与吸引力,便于受众理解和接受信息。同时,这种结构也有助于提高文案的可读性和记忆性,使文案更具影响力。

总之,三段式文案是一种简单高效的创意写作技巧,助力文案创作者简洁明了地传达信息,吸引受众注意,留下深刻印象。

(3) 核心扩展式

核心扩展式文案创意输出方法的核心理念在于将文案的核心观点作为中心,围绕这一核心观点展开详细的叙述和讨论,以丰富的细节和有深度的信息支撑核心观点的表达。这种方法能够使文案更加全面、具体,并使受众对文案内容有更深入地理解。

首先,核心扩展式文案要确定核心观点。这个核心观点通常是文案的主题或中心思想,是文案要传达的最重要的信息或观点。确定核心观点后,文案创作者即可据此展开后续创作。

其次,核心扩展式文案要展开详细的叙述和讨论。文案创作者会围绕核心观点提供丰富的细节、案例分析、数据支持等内容,以展现核心观点的深度和广度。这些细节和信息将使文案更具体,从而实现吸引受众注意,提升可读性和吸引力的目的。

最后,核心扩展式文案要进行总结和归纳。在文案的结尾部分,文案创作者会对前文的内容进行总结,重申核心观点,并对受众提出呼吁行动或对未来的展望。在此部分强化文案逻辑性和连贯性,可以给受众留下深刻印象,增强影响力。

核心扩展式文案创意输出方法的优势在于能够展现信息的深度与广度,使文案更具说服力和吸引力。围绕核心观点展开详细叙述,提供丰富细节并有一定的数据支持,对增强文案说服力和可信度具有重要推动作用。同时,通过总结和归纳,能够强化文案的逻辑性和连贯性,助力文案的影响力得以进一步提升。

总而言之,核心扩展式文案创意输出方法能够展现信息的深度与广度,使文案更具说服力和吸引力。通过合理运用核心观点、丰富细节并总结归纳,能更好地帮助创作者打造出有影响力和吸引力的文案。

### 2. 吸引力提升

深入了解目标受众、创造独特而引人入胜的标题、运用多样化的内容呈现形式、提供有价值的信息和观点,以及引发互动和参与,这些都是提升文案吸引力的关键因素。只有不断探索创新,精准满足受众需求,才能在互联网竞争中赢得更多关注。具体方法包括:直击消费者痛点、提升吸引力、制造代入感、增强信任感等。

(1) 了解消费者需求

要想吸引目标受众的注意力,首先需要深入了解受众的需求、兴趣和偏好。利用市场调研和受众画像分析,掌握受众特征,才能为其量身定制内容。而只有将内容与受众需求紧密结合,才能更好地吸引受众的注意力。

(2) 提升标题的吸引力

标题是吸引受众点击的第一道门槛,独特而引人入胜的标题是提升吸引力的第一步。可以尝试使用一些吸引眼球的词语、数字、疑问句等,让标题更加生动有趣。同时,要注意标题的简洁明了,避免过于复杂或晦涩,让受众一目了然。

(3) 运用多样化的内容形式

互联网文案的内容形式多种多样,包括文字、图片、视频、动画、音频等。创作文案时,可尝试多样的内容形式,来丰富受众阅读体验,如配图、配视频,增强视觉冲击,吸引受众注意。

(4) 提供有价值的信息和观点

受众在互联网上阅读文案的主要目的之一是获取有价值的信息和观点,这与他们对内容的自主选择和个性化需求密切相关。通过调查工具和搜索数据了解受众的兴趣、行为和需求,可以优化内容创作和传播策略,提高内容效果和影响力。例如,网络新闻受众根据自己的心理期待自由地引导阅读行为,而文案调查法则通过收集消费者对广告文案的反馈和观点,来评估广告文案在传达信息、吸引注意力和引发消费者兴趣方面的效果。因此,在创作互联网文案时,须确保内容具有独特性和一定深度,以便能够为受众提供新鲜的视角和有价值的见解。

(5) 引发互动和参与

互联网文案需与受众互动,而非单向传播。增加受众与文案内容的互动,可以提升受众体验和参与度,具体可以通过提出问题、引发讨论,邀请受众参与投票或评论等方式来实现。

### 课后实训

选取自身熟悉的领域,运用创新思维方法,针对某一产品进行广告文案的创意策划,并与同事或同学进行交流讨论,分析提升文案吸引力的方法。

### 课后思考

如何将收集到的信息进行有效地整合和运用?如何将有创意的思想转化为具有说服力、吸引力的文案?

# 项目四　市场调研方法

## 任务 1　市场调研

### 任务描述

"没有调研就没有发言权。"优秀的互联网文案必定以广泛的调研为基础。市场调研有助于创作者洞悉目标受众需求、偏好及行为模式,因而成为文案创作的科学基石与创意源泉。通过本任务的学习,学习者将了解市场调研的基本内容、途径和方法,为互联网文案创作奠定基础。

### 任务要点

#### 1. 市场调研内容

市场调研是进行文案策划与创作的重要基础工作之一,也是确保文案精准传达信息、有效吸引目标受众的关键一环。市场调研使创作者得以掌握受众喜好、需求及行为,精准定位目标受众与竞争对手,进而打造出更具针对性与吸引力的文案,为文案内容与形式提供支撑,以提升文案的传播效能。

（1）问卷调查　精心设计问卷,直面目标受众,收集其看法与需求,获取宝贵的直接反馈。

（2）数据分析　利用各种数据分析工具,分析受众的搜索行为、社交媒体互动等数据,了解受众的兴趣和偏好。

（3）竞品分析　研究竞争对手的产品、服务、营销策略等,找出其优势和劣势,为自身文案创作提供借鉴和对策。

（4）行业调研　有关行业趋势、市场规模、发展状况等方面的调研，以把握行业动态，为文案中的行业背景提供支持。

**2. 市场调研途径**

市场调研是互联网文案写作的基础，调研结果直接影响文案的撰写和传播效果。调研结果可帮助创作者明确目标受众偏好，进而选定恰当的语言风格与内容架构，以增强文案的吸引力和说服力。同时，分析竞争对手的优劣，能制定出更具竞争力的文案策略。市场调研的途径主要有行业数据分析、竞争对手分析和受众调研等。

（1）行业数据分析　通过分析行业报告、数据统计等信息，了解行业的发展状况、趋势和规模，为文案的行业背景提供支持。

（2）竞争对手分析　通过系统地调查和评估同一市场中的竞争者，了解其业务模式、产品与服务、市场表现以及优势和劣势，以便企业能够更好地制定战略决策。通过深入了解竞争对手的情况，可以找到差异化的创作点，提升文案的竞争力和吸引力。互联网竞争激烈，掌握对手产品、营销策略及市场定位等信息，对制定文案策略至关重要。竞争对手分析能揭示对手优劣，为文案创作提供参照与对策，助力品牌脱颖而出。在进行竞争对手分析时，可以采用网站分析、社交媒体监测和产品比较的方法。网站分析主要分析对手网站结构、页面设计及内容更新频率等方面，从营销策略与受众体验两个维度来洞察。社交媒体监测关注竞争对手在社交媒体上的活动，通过分析其互动方式、内容风格，来获取市场反馈和受众需求。产品比较旨在深入剖析竞争对手的产品特性、价格策略等关键因素，从而挖掘出差异化的竞争优势，为文案创作注入新鲜灵感与创新元素。竞争对手分析的结果可以直接应用于文案的创作和实施中。基于详尽的分析结果，帮助创作者制定出更具竞争优势的文案策略，精准凸显品牌的独特魅力，有效吸引并锁定目标受众的注意力。同时，也可以借鉴竞争对手的经验和教训，避免重复其错误，提高文案的实效性和营销效率。

（3）受众调研　借助调查问卷、社交媒体监测等多种手段，深入洞察受众的喜好与行为习惯，为文案内容与形式的精准定位提供坚实的数据支撑。

**📝 课后实训**

通过互联网检索市场调研的方法，总结归纳市场调研方法与文案写作的关系。

## 课后思考

假设你需要为学校创业孵化基地即将推出的"低糖代餐能量棒"(目标用户：18~25 岁大学生及年轻上班族)撰写一则互联网广告文案。请结合本任务所学的市场调研内容与方法，完成以下任务：

1. 若采用问卷调查法，你会设计哪些核心问题(至少列出 5 个)以精准获取目标用户的偏好、需求及购买行为？

2. 为分析竞争对手，你会从哪些维度对比市场上已有的同类产品(如"Keep 蛋白棒""ffit8 代餐棒")？请列出至少 4 个对比维度(如价格、口味、包装设计、营销渠道等)。

## 任务 2　产品分析

### 任务描述

通过深入分析产品的整体情况、特点及市场定位，可以为文案的撰写提供明确的方向和重点，帮助品牌吸引更多目标受众的关注和认可。在实际工作中，持续对产品进行分析和优化，将有助于提升文案的创作水平和营销效果。通过本任务的学习，学习者将了解产品特点分析、产品整体分析、产品市场定位分析等基本知识。

### 任务要点

#### 1. 产品特点分析

在进行产品分析时，首先需要了解产品的特点和功能，包括产品的核心卖点、优势特色、功能说明等方面。深入了解产品是文案创作的前提，只有精准把握产品的独特卖点与亮点，并在文案中突出展示，才能有效吸引目标受众的眼球。

#### 2. 产品市场定位分析

产品市场定位是影响文案内容和传播方式的关键因素之一。通过对产品市场定位的分析，了解产品在市场中的位置和竞争优势，可以帮助创作者在文案中明确定位产品的目标受众群体，制定更有效的传播策略。

### 3. 竞争产品分析

在产品分析的过程中，需要对竞争对手的产品进行分析。深入分析竞争对手的产品特点、营销策略及优劣势，有助于挖掘差异化优势，打造更具竞争力的文案。

### 4. 创新文案策略

综合产品特点、目标受众分析及竞争对手情况，创新制定文案策略，凸显产品优势，精准对接受众需求，挖掘独特卖点，以此来提升文案的吸引力和说服力。

### 5. 测试与优化

在文案发布后，需要不断监测和测试文案效果，根据数据反馈进行优化调整。通过分析数据，了解受众反馈和转化情况，有助于创作者不断提升文案的契合度，达到更好的转化效果。

#### 📝 课后实训

选取你熟悉的领域，针对某一产品，分析该产品是否能够有效解决受众的痛点。如果不能，还存在哪些改进空间？

#### ❓ 课后思考

如何理解产品分析对文案写作的作用？

## 任务 3　目标受众分析

#### 📎 任务描述

目标受众分析包括受众的年龄段、性别、兴趣爱好、消费习惯等方面。了解目标受众的需求和偏好，可以帮助创作者在文案中针对性地传达信息，让受众产生共鸣，提升文案的吸引力和影响力。通过本任务的学习，学习者将了解目标受众画像、购买角色分析、消费心理分析、购买动机分析等基本知识。

## 任务要点

### 1. 目标受众画像

准确把握目标受众的画像是成功文案的关键。画像包括受众的年龄、性别、教育程度、职业等基本信息,以及兴趣爱好、消费习惯、社交媒体偏好等。深入了解目标受众的特点,能精准制定文案内容和传播策略,从一定程度上提升文案效果。

### 2. 购买角色分析

消费者在购买过程中扮演着不同的角色,如决策者、使用者、影响者等。明确这些角色间的关系及其影响力,能让创作者在文案中更有针对性地传递信息,从而提高购买决策的成功率。例如,童书的购买者是家长,但使用者却是儿童。在进行角色分析时,须综合考虑这两个角色各自的影响购买因素。

### 3. 消费心理分析

消费者的心理因素在购买决策中起着至关重要的作用。分析消费者的心理状态、情感需求及风险承受能力,能更精准地把握其心理变化,有助于制定出共鸣性强的文案策略。

### 4. 购买动机分析

消费者购买动机多样,洞悉这些动机,可更精准地匹配文案与文案的呈现方式,有效激发购买欲,提升转化率。

## 课后实训

选取你熟悉的领域,针对某一产品,运用市场调研方法,对产品进行目标受众分析。

## 课后思考

在人工智能技术迅速发展的时代,如何利用人工智能工具助力市场调研?

# 模块二　品牌文案与营销软文写作

在数字时代,品牌文案和营销软文已成为企业传递价值、与消费者沟通的关键途径。品牌文案作为联结品牌与受众情感的桥梁,通过精炼有力的语言和创意构思,迅速吸引观众的注意。它不仅传达品牌的核心价值与产品特色,还激发了受众的兴趣与共鸣,引导他们采取行动。营销软文注重实现营销目标,以用户为中心,通过故事化和场景化的表达方式,巧妙地将产品或服务信息融入内容之中,吸引用户注意力和兴趣,以达成品牌推广或产品销售的目的。本模块将系统介绍品牌文案和营销软文的写作方法,主要包括品牌名称与品牌标语的设计、产品描述文案的写作、品牌故事的写作、营销软文的写作以及营销软文中关键词的设置等内容。

## 学习目标

1. 了解品牌文案的类型和写作原则。
2. 熟悉品牌名称设计与品牌标语设计的原则、方法。
3. 能够在品牌文案中植入产品描述文案。
4. 掌握品牌故事的创作和传播的方法。
5. 学会撰写不同类型的营销软文。

# 项目一　品牌文案写作

## 任务1　认识品牌文案

### 任务描述

优秀的品牌文案可以精准传达核心价值，提炼差异化卖点，融入情感表达，塑造独特形象，提升市场辨识度与美誉度，深化消费者与品牌的情感纽带。品牌文案的核心价值在于精准传递信息，激发情感共鸣，促使消费者认知升级，驱动其做出行动决策。在撰写品牌文案时，首先需要掌握品牌文案的写作原则，才能写出高质量的文案。本任务旨在帮助学习者掌握品牌文案的类型以及写作六原则：真实性、独特性、简洁性、营销性、一致性和互动性。

### 任务要点

#### 1. 品牌文案的定义、作用与类型

（1）品牌文案的定义

品牌文案是一种以塑造和传播品牌形象、传达品牌价值观、促进品牌与消费者之间的情感沟通为主要目的的文案形式。凭借独特的语言魅力、创意表达及情感共鸣，品牌文案往往发挥着精准传达核心信息，增强用户信任，提升品牌知名度、美誉度及忠诚度的重要作用。

（2）品牌文案的作用

**塑造品牌形象。** 品牌文案通过文字描绘出品牌的个性、气质和特点，让消费者对品牌形成清晰的印象。例如，"左庭右院"是一家以鲜牛肉火锅为特色的餐

饮品牌,鲜牛肉即主打卖点。品牌标语是"当天鲜肉,拒绝冷冻",强调牛肉"不隔夜",每日新鲜到店,现切现涮,向消费者传递了其对食材新鲜度的极致追求,以让顾客能品尝到最原汁原味的牛肉火锅为目标,由此在消费者心中树立了新鲜、健康的食材形象。

**吸引目标受众**。品牌文案深入洞察用户年龄层、痛点及需求,以贴心的文字触动消费者内心,激发强烈共鸣。例如,美妆品牌主要针对年轻女性,文案聚焦护肤焦虑与时尚潮流,运用潮流语言及功效描述引发共鸣;运动品牌则主要面向健身爱好者,强调自我突破与激情燃烧,从而激发用户选择的欲望。

**传达品牌价值观**。品牌文案将品牌所倡导的价值观传递给消费者,引起消费者的共鸣。例如,"可口可乐"品牌倡导"快乐"的价值观,通过各种品牌文案向消费者传达喝可口可乐能带来快乐和愉悦的情感体验。

**促进销售转化**。品牌文案会突出产品或服务的优势和价值,帮助消费者认识到选择该品牌能够精准满足其需求,从而有效激发其购买欲望,并推动其采取实际行动。

(3) 品牌文案的类型

品牌文案主要包括品牌标语文案、产品描述文案、品牌故事文案、社交媒体文案等类型,本项目主要介绍品牌标语文案、产品描述文案、品牌故事文案的写作。

**品牌标语文案**。品牌标语文案是品牌文案的核心表达,它以简洁、精炼的一句话概括品牌的核心价值和特点。例如,"阿迪达斯"的广告语"Impossible is Nothing"(没有不可能),体现了品牌鼓励人们挑战极限、超越自我的精神。

**产品描述文案**。产品描述文案指对产品进行全面、详细且具有吸引力的文字说明,旨在向目标受众传达产品的各种信息,同时巧妙融入品牌的核心价值观和独特个性。例如,"波司登"极地系列羽绒服的产品描述为:专为极端严寒环境设计,采用90％白鹅绒填充,蓬松度高达800＋,轻盈保暖,抵御－30℃极寒。在面料上采用防风防水科技,结合立体剪裁与热能反射层,以求锁住每一份温暖。它强调了"波司登"产品的专业性、品质感和对用户关怀的重视。

**品牌故事文案**。品牌故事文案不仅讲述品牌的起源、发展历程和创始人的故事,更通过这些故事建立消费者对产品的信任感和认同感,从而影响其购买决策。例如,"海尔"通过砸冰箱事件强化了质量意识,"德芙"通过凄美爱情故事与消费者建立情感连接，而"康师傅"则通过其品牌由来传递了企业的核心价值。"星巴克"的品牌故事聚焦于对咖啡品质的极致追求与第三空间的精心营造，让消费者在品味咖啡之际，沉浸于独特的品牌魅力之中。

### 2. 品牌文案写作原则

（1）真实性原则

品牌文案要注重真实性和可信度，避免夸大或虚假宣传。文案须客观精准地展现品牌历史、产品特色及服务优势，以此赢得受众对品牌真实性的认同。真实可信的品牌故事和品牌案例，有助于建立起与受众的信任关系，提升品牌形象和认可度。

（2）独特性原则

品牌文案应该准确把握品牌的核心特点和独特之处，在文案中突出展示品牌的卖点和优势，使之与竞争对手区分开来。这包括品牌的价值观、文化、产品特点、服务优势等方面。例如，苹果公司的品牌文案强调创新、简洁的设计和良好的用户体验，使其在众多科技品牌中脱颖而出。总之，品牌文案需创造独特记忆点，借助新颖的表达、创意构思或动人的故事，将其深刻烙印于消费者心中。

（3）简洁性原则

品牌文案的语言要简洁明了，避免冗长、复杂的句子和词汇，用简洁、易懂的语言表达核心信息。这样可以提高文案的可读性，让消费者更容易理解和接受品牌传达的信息。例如，"Just Do It"这句耐克的品牌口号简洁有力，容易记忆，同时也传达了品牌的运动精神和积极向上的态度。品牌文案须在简洁中凸显重点，精准传达品牌信息、产品优势及价值主张。例如，一款智能手表的品牌文案可以突出其"精准监测健康数据"这一核心卖点，而不是过多地描述一些无关紧要的功能。

（4）营销性原则

品牌文案的创作应该与营销策略相结合，围绕"以用户为中心，以转化为目标"展开，突出品牌的市场定位和独特优势，最终促进消费者认知转化或者购买行动。如戴森吹风机文案所示："每秒41升强劲气流，智能温控护发无忧"，既彰显技术参数，又直击用户的护发需求，有效引导追求生活品质的消费者抉择。在文案中可以结合具体的促销活动、产品推广或品牌活动，引导受众进行相应的行动。如能在品牌文案创作中巧妙地结合营销策略,将有益于提高品牌传播的效果和转化率,实现品牌价值的最大化。

（5）一致性原则

品牌文案需确保语言风格、视觉呈现及情感基调与品牌形象一致,统一于品牌核心价值之下,诸如优雅、创新或经典等。此举能增强品牌识别度,确保消费者在各种接触点上均能获得一致的品牌体验。比如,高端时尚品牌文案应运用雅致的语言,配以高质量的图片,共同营造奢华的氛围。其次,品牌在不同渠道、不同时期发布的文案内容要相互呼应,避免出现矛盾或前后不一致的信息。这有助于建立消费者对品牌的信任和忠诚度。

（6）互动性原则

品牌文案应激发消费者兴趣,促其参与评论、分享、投票等互动,从而加深与品牌的情感纽带。例如,一个美妆品牌可以在社交媒体上发布一篇关于化妆技巧的文章,并在结尾处邀请消费者分享自己的化妆心得和经验。

运用以上原则精心撰写的品牌文案,可以有效传达品牌的价值观和核心优势,提升品牌的知名度、美誉度和忠诚度,让品牌文案成为品牌传播的有效工具,实现品牌的长期发展。

## 课后实训

选取一个品牌推广文案,结合品牌文案的写作原则,分析其特点。

## 课后思考

假设你是一家新兴科技公司的品牌文案策划师,现在你需要为公司即将推出的一款智能节能灯泡撰写品牌文案,结合品牌文案的写作原则,你觉得应该从哪些方面进行考虑？

## 任务 2　品牌名称与品牌标语的设计

### 任务描述

企业成立的第一步就是要取一个名字，可以说，一个好的名称是企业成功的第一步。品牌名称承载着品牌形象与价值观，优质的品牌名称能深刻烙印于消费者心中，也将有助于市场传播，进而缩减营销成本。品牌标语对于品牌的传播具有非常重要的作用。通过本任务的学习，学习者将了解品牌命名的原则和方法，了解品牌标语的写作原则和方法，并运用所学知识设计出具有吸引力的品牌名称和标语。

### 任务要点

#### 1. 认识品牌命名的原则

品牌命名需要综合考量多种因素，遵循既定的原则，以下为常见设计原则。

（1）易记性原则

**简洁明快**。品牌名称应力求简洁明了，避免冗长。如"百度""苹果""小米"等品牌，简短易记。

**音韵和谐**。品牌名称应发音顺口，富有节奏感。例如，"娃哈哈"读起来朗朗上口，易于传播。

（2）独特性原则

**避免相似**。品牌名称需具备独特性，避免与已有品牌雷同，从而在消费者心中留下深刻印象。例如，电动汽车品牌"特斯拉"，以科学家之名命名，独特且科技感十足。

**富有个性**。当品牌名称拥有别具一格的个性与风格，方能捕获目标消费者的目光。譬如白酒界的"江小白"，凭借青春洋溢、时尚前卫且个性化的形象，与其他一些传统的白酒品牌形成鲜明对比，其品牌名称更透露出一种年轻而文艺的独特韵味，成功吸引了年轻消费群体的青睐。

#### (3) 价值性原则

价值性原则是指在品牌命名时,要充分体现品牌所蕴含的价值,包括功能价值、情感价值、社会价值等,让受众能够通过品牌名称直观地感受到品牌所能代表的价值观或者能带来的利益。

价值性原则要求传达品牌之精髓,映射品牌的核心价值观、深厚文化内涵及独特经营理念。如北京"同仁堂"药业,蕴含"同修仁德,济世养生"的理念,体现了其对传统中医药文化的传承和对医德品质的追求。

品牌名称须与所提供的产品或服务紧密相连,使消费者仅凭名称便能迅速洞悉品牌的业务范围所在。例如,"淘宝"直接就能让人联想到购物的宝藏之地。

遵守价值性原则的品牌名称有助于彰显产品之独特属性,令消费者仅凭品牌名称便能大致把握产品的功能、特色或本质。例如,洗发水品牌"飘柔",让人一听就联想到使用该产品后头发会柔顺飘逸,准确地传达了洗发水的主要功效。

#### (4) 适应性原则

**适应不同市场**。品牌名称应在不同的地区和文化背景下都能被理解和接受,具有广泛的适用性。例如,"麦当劳"容易被不同国家和地区的消费者识别。

**便于产品线拓展**。品牌名称需具备前瞻性,以容纳未来可能推出的新产品或服务。例如,"阿里巴巴"由电子商务平台起家,逐步拓展至金融、物流等领域,其品牌名称展现了其强大的包容性。

#### (5) 合法性原则

**可注册性**。品牌名称需确保名称能够在商标局注册,避免与已有商标冲突。命名前需进行详尽的商标查询,以保障名称的独特性与合法性。

**符合法律法规**。品牌名称不要使用违反法律法规、社会公德或带有不良含义的词汇,并应积极向上,传递正能量。

### 2. 品牌命名的方法

#### (1) 以创始人命名

以创始人命名,可为品牌增添独特的个人色彩与丰富故事性。例如,由何小鹏创立的新能源汽车品牌被命名为"小鹏";路易·威登(Louis Vuitton)创立的奢侈品品牌被命名为"路易·威登"。这种命名方式能够让消费者感受到品牌的传承力量和创始人的精神。

(2) 结合产品特点命名

从产品的特点、功能、优势等方面入手,选取能够准确传达产品信息的词汇来命名品牌也是较为常见的做法。例如,"飘柔"洗发水凭借其使头发柔顺的特点,深受消费者喜爱;而"奔驰"汽车则通过其精准的市场定位和营销策略,成功塑造了具有高性能和豪华感的品牌形象。

(3) 运用动植物名称命名

动植物名称通常具有生动、形象的特点,容易让人产生联想和好感。例如,"三只松鼠"坚果品牌,借由三只萌态可掬的小松鼠形象,让人巧妙联想到松鼠对坚果的钟爱,从而增强了品牌的亲和力。"佰草集"在草本护肤领域独树一帜,其产品融合多种草本植物精华,让人仿佛置身于清新的自然之中,为护肤过程增添了一份愉悦与享受。

(4) 引用典故或诗词命名

从典故或诗词中选取富有文化内涵的词来命名品牌,可以提升品牌的文化底蕴和艺术价值。例如,"百度"名字取自辛弃疾的诗句"众里寻他千百度",寓意搜索的精准和广泛;"曹操"专车,其名字来源于"说曹操,曹操到",寓意着曹操专车的速度之快。

(5) 结合企业价值观命名

挖掘品牌所代表的核心价值,并将其融入品牌名称中,这样可以使品牌名称直接传达品牌价值,增强消费者对品牌的认同感和对品牌的吸引力。例如,"华为"体现了"心系中华,有所作为"的价值追求。福建"兴业"银行中的"兴业"则体现了"兴盛事业"的愿景。

(6) 结合地域特色命名

有些品牌名称含地域风情,巧妙融入了地名、文化精髓及风俗元素。例如"云南白药",借云南之名,彰显传统中药之精髓与卓越疗效;"青岛啤酒",则依托青岛之地,凭借其自然环境与优质水质,酿造出上乘啤酒,其命名巧妙传递了产品与当地优质资源的深厚渊源。

(7) 采用数字或字母组合命名

数字与字母的组合,以其简洁明快之姿,赋予品牌以科技感与现代气息。例如,"361°"运动品牌以数字"361"寓意"多一度热爱",生动展现了品牌的运动激情与蓬勃活力;"vivo"手机品牌,字母组合简约而不失雅致,令人过目难忘。

### 3. 品牌标语的写作原则

**（1）简洁有力**

品牌标语应力求以简洁之语，直击核心信息，便于消费者铭记与传播。口语化的文案，更添亲切之感，易于理解。譬如"王老吉"的广告语："怕上火，喝王老吉"，寥寥数字，却直击人心，令人印象深刻。

**（2）新颖独特**

品牌标语应展现品牌的独特之处，与竞争对手区分开来，不能与其他品牌的标语过于相似。例如，"农夫山泉"的品牌标语："我们不生产水，我们只是大自然的搬运工。"不仅传达了"农夫山泉"的产品来源纯净自然，还强调了其对水源地的高标准要求。

**（3）凸显优势**

品牌标语精准展现了产品服务的独特魅力，涵盖技术、品质、创新等亮点，与竞品显著区分，牢牢吸引消费者目光。例如，"公牛"插座以其过载保护、短路保护等多重安全设计，有效防止电器损坏和火灾隐患，被誉为保护电器和人的安全专家。

**（4）保持稳定**

品牌标语一旦确定，应在较长时间内保持稳定，以便在消费者心中形成深刻的印象。频繁更换标语会让消费者感到困惑，降低品牌的认知度。

### 4. 品牌标语的写作方法

**（1）从产品特点入手**

每一款产品都有其特点，可以从产品特点入手撰写品牌标语，产品特点包括产品的产地、材料、性能等方面。

**从产品产地角度入手。** 品牌标语若从产地着手，不仅能彰显产品的地域特色和文化内涵，还能作为品质保证的象征。以瑞士手表为例，其精准和可靠性是全球公认的，这得益于瑞士手表业的严格制造标准和卓越工艺。因此，瑞士生产的手表可以强调"瑞士制造，品质保证"，让消费者放心购买。"中国景德镇的千年瓷艺——×××（品牌名）"突出了瓷器的产地——中国景德镇，让消费者联想到景德镇悠久的制瓷历史和精湛的瓷艺，从而相信该品牌的瓷器具有高品质的特点。

**以材料为核心撰写品牌标语。** 撰写标语需精准捕捉产品材质特色及消费者需求，以简练、专业且吸引人的语言凸显产品的核心价值。例如，"源氏木语"的品牌标语为"木之所及,皆美好",表明产品是由纯实木材质制作而成,强调了实木的天然、环保以及耐用等特性。

**从产品性能角度切入。** 品牌标语若从产品性能入手,首要任务是明确产品最显著的性能优势,如速度、安全性、耐用度、高效性及精确度等。在品牌标语中清晰地表达这些优势,让消费者一目了然,能够快速记住。例如,"海飞丝"洗发水的品牌标语"头屑去无踪,秀发更出众"将去屑作为核心价值,表达了"海飞丝"独特的产品功能。其次,尝试采用新颖独特的手法展现产品功效,规避俗套。

(2) 从消费场景角度入手

首先,要确定产品最适合的消费场景,如家庭聚会、户外运动、商务办公等。清晰地描绘出这些场景,让消费者能够快速联想到自己在该场景中的需求。其次,要在品牌标语中突出产品的性能、特点如何满足特定消费场景的需求。例如,一款便携式蓝牙音箱,适合户外野餐、露营等场景,可以描述为"户外畅享,音乐随行",以此明确在户外场景中使用该产品的乐趣。

(3) 从激发行动角度入手

从激发行动角度入手写品牌标语,主要是通过具有感染力和鼓动性的语言,来激发消费者采取特定的行动——购买产品、使用服务、关注品牌等。标语需简洁有力,以精炼的语言迅速传达行动指令,确保消费者一目了然,铭记于心。如"累了困了,喝东鹏特饮",此标语巧妙融合场景与行动,直观展现产品效用及适用时机。这个品牌标语简单易记,容易在消费者心中留下深刻的印象,当人们在疲劳、困倦的状态下,很容易联想到它。

(4) 从消费者需求角度入手

从消费者需求角度入手写品牌标语,主要是针对消费者在生活中遇到的问题或痛点提出解决方案。例如,减肥产品标语"轻松减肥,美丽人生",直击一部分爱美人士的减肥需求,传递产品想要助力其实现目标、开启新生活的愿景。

(5) 从竞争优势角度

撰写品牌标语时,应聚焦竞争优势,凸显品牌独特卖点或高市场占有率,使消费者明确区分品牌与竞品,并感知品牌带来的独特价值,进而提升品牌吸引力和竞争力。例如,"劲霸男装专注夹克44年",简洁明了地彰显其在夹克领域的深厚底蕴与专业水准。"拼多多,拼得多,省得多",直接突出了拼多多以低价、团购为特色的竞争优势,吸引了追求性价比的消费者群体,通过拼团模式让消费者享受到更多的价格优惠。

### 📝 课后实训

为新兴本土手工咖啡品牌设计标语,需凸显手工特色、高品质咖啡豆、独特风味等特点,展现品牌咖啡的热情与匠心,要求简洁、易记、上口,字数在20字以内,让人瞬间铭记品牌核心。

### 💡 课后思考

选择几个不同领域的品牌名称,分析它们命名的特点。

## 任务3 产品描述文案的写作

### 📎 任务描述

一个品牌下往往具有多种不同的产品,因此,在设计品牌文案时,需要融入具体的产品信息,通过产品描述文案进行细化呈现。产品描述文案的写作需要结合产品的功能、独特卖点、目标用户以及使用场景,并选择合适的写作风格和内容表达方式,调动用户情绪,展示产品的优势和价值。本任务主要介绍产品描述文案的写作要点、产品卖点的挖掘以及不同类型产品描述文案的写作。本任务的学习内容,将有助于学习者写出一份完整且有吸引力的产品描述文案,为产品的销售转化提供支持。

### 📋 任务要点

**1. 产品描述文案的写作要点**

产品描述文案的撰写需进行系统规划,以精准、有吸引力的笔触展现产品价值、特色及应用场景,激发消费者的购买欲望。

(1)明确目标用户

撰写产品描述文案的首要任务是深度剖析目标用户需求,借助市场调研,全面搜集用户的基本信息,涵盖年龄、性别、兴趣偏好及消费习性。剖析用户在使用产品时遭遇的问题及痛点,这些正是推动产品创新及优化的核心所在。同时,须了解目标用户的情感需求和心理预期。因为很多时候,用户的购买行为不仅仅是基于功能需求,有一些是为了得到情感和心理的满足。因此,可以关注目标用户的行为模式和购买路径,包括他们获取信息的渠道、购买决策的时间点以及影响他们决策的关键因素。

通过这些分析,可以更精准地明确目标用户,定位产品卖点,制定有效的沟通策略,从而撰写出能够触动目标用户的文案。

(2) 挖掘产品核心卖点

挖掘产品核心卖点是撰写产品文案的重要环节,有助于文案更精确地展现产品的独特魅力和竞争优势。

第一,深入研究产品,挖掘其独特之处。全面剖析产品的功能、特性、技术参数及使用体验,精准提炼核心价值,打造核心卖点。通过彰显特色功能、创新设计及独特配方等,彰显产品的与众不同。

第二,分析竞品,找出产品与竞品的差异点。这些差异点往往就是潜在的核心卖点,通过强调特色功能、创新设计或独特的品牌故事,可以凸显产品的差异性。分析自身产品和竞品特点,有助于文案创作者提炼出最核心的价值主张(unique selling proposition, USP),强调产品的独特价值,即"人无我有,人有我优"之处。

第三,考虑产品的使用场景,通过具体情境展示产品如何解决用户的问题或满足他们的需求。此举既便于消费者直观感受产品的价值,又方便文案创作者彰显产品优势。例如,在拥挤的早高峰地铁中,无线耳机的无拘无束极大提升了便利性,从而深深吸引了目标受众的目光。"王老吉"通过吃火锅喝王老吉的场景,突出其产品核心卖点是能"预防上火"。

第四,将核心卖点转化为简洁有力的语言,使其易于理解和记忆。产品的核心卖点表述需言简意赅,朗朗上口,这样在文案中就能够清晰、有效地传达给目标受众。例如,"三棵树"坚持为用户提供绿色健康高品质产品,致力于做中国人信赖的首选涂料建材品牌,其广告语"三棵树,马上住,更健康的中国漆",同样具有简洁好记,易于传播的特点。

确定产品核心卖点的过程,实际上是一个将产品特性与消费者需求相结合的过程,它要求文案创作者不仅要有敏锐的市场洞察力,还要有出色的语言表达能力。精准挖掘并巧妙表达产品的核心卖点,能让文案直击目标消费者的心,显著提升产品的市场竞争力。

图2-1-1是霸王茶姬极萃茶拿铁的产品介绍,图文并茂,突出了产品独特的工艺和特点。

图2-1-1 霸王茶姬产品文案

(3) 突出用户需求和价值

有效的产品文案需清晰展现产品如何解决用户实际需求,并为用户带来切实价值。可以使用用户案例、体验分享等方式,展示产品在实际使用中的效果和优势。这样做可以增强文案的说服力和吸引力,让用户更容易产生购买欲望。

**用户导向。** 撰写产品文案,首要明确目标用户,直击其痛点与需求,彰显产品独特价值。文案应根植于用户心声,确保字字句句触动用户心弦。

**解决问题。** 强调产品如何解决用户的痛点或需求,让用户能够清晰地看到产品所带来的实际价值。

**案例和体验分享。** 通过案例、真实体验分享或评价等方式,展示产品的实际效果和优势,使文案更具说服力和可信度。

(4) 构建产品描述文案的框架与风格

产品描述文案框架是指文案的结构布局,它决定了信息的呈现顺序和逻辑关系。一个清晰的框架有助于引导用户的注意力,使信息传递更加高效。

文案开篇,务必精炼概括产品亮点,一语中的,瞬间抓住用户眼球。例如,

"问界"新 M5 的开头文案为:"高颜值都市性能 SUV,1440 公里长续航,全系华为高阶智驾,舒享智慧空间"。接着,是文案的主体部分,这里需要详细阐述产品的特点、优势、使用场景等,内容要条理清晰,逻辑性强。最后,在文案的结尾,建议包含一个明确的行动号召,如"立即购买""下载试用"或"分享给朋友",以激发用户的购买欲望或进一步了解的兴趣。

产品描述文案风格涵盖语言特点及表达方式,须紧密贴合品牌定位与目标受众。例如,年轻人偏好活泼幽默,专业人士则倾向正式专业。构建产品描述文案框架与风格时,还应考虑文案的语气和语调,确保它们与品牌的声音保持一致。此外,文案应避免过度使用行业术语或复杂的句子结构,以确保信息的易懂性和可读性。精心构建的文案框架与风格,能增强文案吸引力与说服力,助力产品服务推广。

(5) 精炼语言与创新表达

撰写产品描述文案时,精炼的语言是吸引和保持用户兴趣的关键。精炼的语言意味着用最少的词汇传达最多的信息,避免冗长和模糊的表述。精炼的文案可以提高阅读效率,尤其是在移动设备上,用户通常只会花几秒钟时间浏览产品描述。因此,要确保文案中的每个词都能够传达有效信息。这要求文案创作者对产品有深刻的理解,能够迅速抓住产品的核心价值,并用简洁明了的方式表达出来,让每位用户都能迅速把握产品精髓。

撰写产品描述文案时,创新表达涉及如何以新颖、有趣、独特的方式来呈现产品信息,使文案不仅仅是信息的传递,更能引起消费者情感的共鸣。创新表达可以通过使用比喻、添加幽默元素、融合多媒体形式、增加互动等方法来实现。融合图片、视频及用户评价,多维度展现产品,提升文案的吸引力和表现力。

在产品描述文案中添加幽默元素,可以使文案风趣幽默,拉近与消费者的心理距离。例如,某零食品牌文案"这款薯片,好吃到能让你把手指都吮干净,小心别上瘾哦!"这种俏皮的表述,使产品形象更具亲和力。

融合多媒体形式也是创新表达的重要方向。图文结合,强化视觉体验,让产品特点清晰呈现。例如,一款美妆产品文案搭配高清产品图与详细成分说明图,可以直观展示产品外观与核心优势。视频展示则更生动直观,适合复杂产品的演示。如智能电子产品,通过视频演示功能操作,让消费者清晰了解其功能。

此外,互动式文案能提升消费者参与感。设置问答环节,引导消费者留言互动,既增加文案的趣味性,又能收集消费者反馈。如"猜猜这款产品的神奇用途?留言告诉我们吧!"

精炼的语言与创新性的表达,是撰写产品描述文案不可或缺的两大要素。这两者的有机结合,能让文案变得生动有趣,同时确保产品信息的高效传递,进而增强产品的市场竞争力。

(6) 运用心理学原理提升效果

在撰写产品描述文案时,运用心理学原理可以显著提升文案的效果。以下是一些关键的心理学原理及其在文案创作中的应用。

**情感诉求。**用户在做出购买决策时,情感往往起着决定性作用。文案应巧妙触发情感共鸣,比如讲述真实动人的故事、突出产品解决用户难题的能力,或展现产品带来的正面变革,以此激发潜在客户的兴趣与共鸣。

**社会认同。**用户倾向于模仿他人的行为,尤其是在不确定的情况下。在文案中使用客户推荐、明星代言、行业奖项或展示产品的高销量,可以增加产品的可信度,从而提高转化率。

**稀缺性效应。**用户在面临时间限制或限量供应时,更容易做出决策。通过限时优惠、倒计时或限量发售等方法,可以创造紧迫感,促使潜在客户立即行动。

**互惠原则。**用户倾向于回报他们所接受的恩惠。提供免费样品、试用或有价值信息,能激发用户回馈意愿,提升其购买概率。赠品、优惠券等福利,则能让用户感受到额外价值,进一步激发购买动力。

**2. 挖掘产品卖点的方法**

在品牌文案中,如何用文案成功卖货,实现销售转化是重要问题。卖货的重心应聚焦在产品本身,因为产品是核心。文案创作者首先要充分了解产品,要将产品成功卖出去,首先要找出产品的独家卖点。独家卖点,即 USP 理论,是品牌在消费者心中建立独特识别的关键。它要求产品或服务必须具备竞争对手无法复制的特殊功效和利益,以此来吸引用户并促进销售。与同类商品的卖点相比,独家卖点应具有明显差异化特征。

挖掘卖点常用的方法包括历史地理挖掘法、名人光环法、自我对比法、他人对比法、功能效果法等。

**历史地理挖掘法。** 时间是最好的证明，具有悠久历史或特定地理环境的产品更具魅力。产品若拥有辉煌历史背景，如百年老店、千年美酒，便是强有力的卖点。若缺乏此类故事，也可巧妙创作产品历史。例如"宝马"汽车，利用其曾是飞机发动机制造商的历史，写出了"我们一直没变，只是换了一种方式在陆地上飞翔"的文案。

**名人光环法。** 有名人代言的产品，应巧妙借助其影响力，如"××代言，品质之选"。若缺乏名人背书，则可根据实际情况，借助明星同款效应，如"口红，××同款"。名人效应之威力，不容小觑。

**自我对比法。** 将产品往昔与今朝对比，凸显外观焕新、功能升级、配置飞跃，价格却更亲民。善用自我对比，可轻松挖掘产品独特魅力。

**他人对比法。** 彰显产品独特优势。与竞品同台竞技，遵循"人无我有，人有我优，人优我新"的法则。例如，某航空公司文案"同样舒适体验，尽享超值低价"。

**功能效果法。** 产品所有的功能都可以成为一个亮点。例如，面膜的美白功能，美白就是一个亮点。面膜的安全性也是亮点，纯天然100%无害。另外，深层补水、持久保湿、360度修复等功能可能会是亮点。利用功能效果，枕头的文案就可以这样写："做美梦，不落枕。"

品牌文案创作者要具备敏锐的眼光，在短时间内找到产品的优势，在客户和用户之间有效传递产品信息。通过挖掘产品卖点和打造独家卖点，在激烈的市场竞争中让产品脱颖而出。

**3. 不同类型产品描述文案的写作**

（1）常规型产品描述文案的写作

产品描述文案是决定产品能否进行交易的关键因素，它能最大化地将产品卖点展示出来，让用户在了解产品各项信息的同时，延长其停留的时间。只要用户仍在浏览产品信息，成交的机会便持续存在。一个好的产品描述文案应该能够清晰地传达产品的价值，并鼓励消费者采取行动。一般来说，常规型产品描述文案的写作主要包括以下几个要点：

第一，突出核心卖点，提供价值。如今，用户的需求呈现个性化和多样化特点，不同的产品可以满足不同用户的需求，因此，在产品描述文案写作过程中需要明确产品的核心卖点以及能为用户提供的独特价值，将产品的核心卖点转化为用户的利益点,吸引用户的兴趣,进而促进购买。这要求创作者深入理解产品特性,提炼出能够吸引目标受众的关键信息。无论是技术创新、材质卓越、设计美感还是高性价比,都应在文案中得以清晰展现,令人一目了然。

第二,结构清晰,逻辑严谨。一个优秀的产品描述文案应具备清晰的结构,通常包括产品介绍、功能特点、使用场景、客户评价、购买引导等部分。各部分需紧扣产品核心,循序渐进地引导用户深入了解。文案信息需条理清晰,逻辑严密,确保用户轻松理解并接纳,同时避免冗长重复,保持简洁明了。

第三,语言需生动鲜活,以情感共鸣为引。运用比喻、拟人等修辞,将产品特性形象地展现,增强文案吸引力,使描述更加生动有趣。同时,注意保持语言的准确性和专业性,避免误导用户。

情感共鸣是促使用户购买的重要因素之一。文案应融入情感,讲述产品故事、设计理念及对用户生活的正面影响,以此激发情感共鸣,增强用户对产品的认同与归属感。

第四,解决疑虑,增强信任。用户在购买前往往会有各种疑虑和担忧。文案应主动解答这些疑虑,如产品的质量保证、产品的相关认证证书、检测报告或获奖荣誉、用户好评等,以此提升产品的专业形象和信誉度。

某电子产品文案突出了产品的用户广泛,以增强消费者对产品的信任。如图2-1-2所示。

图2-1-2　某电子词典文案

第五,引导行动,促进转化。产品描述文案的最终目的是促进销售转化。因此,在文案的结尾部分建议明确给出购买引导信息,例如,提供购买链接,详细描述优惠活动及限时折扣等(图2-1-3),以促进用户的购买决策。同时,强调产品的稀缺性和紧迫感,激发用户的购买欲望并促使其立即行动。

图2-1-3 某款产品优惠活动文案

第六,持续优化与测试。产品描述文案的撰写过程并非一蹴而就,而是需要不断优化和测试的。创作者需根据市场反馈和数据分析,不断调整文案内容和结构,提升其对用户的吸引力,同时提高销售转化率,同时关注竞品策略,保持市场敏锐度。

(2) 解决痛点型产品描述文案的写作

解决痛点型产品文案的核心目标是强调产品如何解决客户的痛点和需求。在这种文案中,关键是明确产品的核心卖点,并突出其与目标用户的价值联系。

> **某款减肥产品的解决痛点型文案**
>
> "××减肥胶囊,专为帮助忙碌的现代人减掉多余的脂肪而设计。采用先进的科学配方,结合健康饮食和运动,帮助您轻松实现理想体重,重拾自信。"

具体写作可以从以下六个方面展开。

第一,凝练标题,突出产品解决的痛点。首先,深入了解痛点。通过问卷调查、用户访谈、社交媒体监测等方法进行市场调研,收集用户在特定场景下遇到的问题和困扰。例如,针对一款具体的减肥产品,需要了解用户在减肥过程中面临的食欲控制困难、运动坚持不下去、减肥效果不明显等痛点。其次,分析竞争对手。研究竞争对手的产品特点和用户评价,找出他们没有解决好的痛点。这可以帮助创作者在文案中突出自己产品的优势。

第二，描述痛点场景，表达理解和同情。文案开篇即可细腻刻画用户痛点场景，力求让用户仿佛置身其中，感同身受。比如："每到夏天，你是否总是因为身材不够好而不敢穿漂亮的裙子？看着镜子里的自己，肚子上的赘肉让你自信全无。"用温暖、关怀的语言表达对用户痛点的理解，让用户感受到创作者是站在用户的角度考虑问题的。例如："我们知道，减肥的道路充满了艰辛和挫折，你已经尝试了很多方法，但效果都不尽如人意。我们懂你的痛苦和无奈。"

第三，突出产品功能，展示产品特点。详细介绍产品如何解决用户的痛点。强调产品的独特功能和优势，并用具体的数据、案例或用户真实评论来支持。例如："××护眼台灯采用全光谱 LED 技术，无蓝光危害（通过 RG0 级认证），亮度可智能调节至 500lux（符合国际阅读标准）。实测连续使用 4 小时后，用户眼睛干涩感降低 72％（基于 100 人样本调查）。独创的'无级调光旋钮'让亮度调节更精准，满足绘画、阅读等不同场景需求。"

第四，提供证据。可以从两方面展开，一是用户评价和案例。分享真实用户的使用评价和成功案例，让潜在用户看到产品的实际效果。可以通过引用用户的原话、展示前后对比照片等方式，增强说服力。比如："××在使用我们的产品四个月后，成功减掉了 20 斤，现在的她自信满满，穿上了自己梦寐以求的衣服。"二是专家推荐和认证。如果有专家推荐或权威机构的认证，也可以在文案中提及。这可以增加产品的可信度和专业性。例如："我们的护眼仪得到了眼科专家××的高度评价，他认为这款产品采用的脉冲按摩技术对缓解视疲劳具有显著效果。同时，我们的产品还通过了国家医疗器械质量监督检验中心的认证，品质安全有保障。"

第五，消除顾虑。一是提供售后保障服务。向用户承诺完善的售后服务，如退换货政策、客服支持等，让用户购买无后顾之忧。例如："我们提供 30 天无理由退换货服务，如果您对产品不满意，随时可以联系我们，我们将竭诚为您服务。"二是突出价格优势。若产品价格极具竞争力，不妨在文案中大力强调。例如："即刻购买，立享××折特惠，更有价值××元的赠品等您拿。如此高性价比，切勿错过！"

第六，引导行动。在文案结尾，用明确、有力的语言呼吁用户采取行动。例如，"不要再让肥胖困扰你的生活，立即购买我们的减肥产品，开启你的美丽蜕变之旅"。同时,提供便捷的购买渠道,告诉用户如何购买产品。例如,提供产品链接、线下门店地址、联系电话等,方便用户快速下单。

(3) 故事型产品描述文案的写作

故事型产品文案通过讲述生动的故事,激发用户的情感共鸣,从而引起他们的兴趣和购买欲望。这种文案通常包括产品的背景故事、用户体验故事或品牌发展故事。

(4) 评价型产品描述文案的写作

评价型产品描述文案通过引用用户的评价或权威机构的认可,来增强产品的可信度和说服力。这种文案通常包括用户的真实评论、专家的推荐或产品的获奖情况。撰写评价型产品描述文案,需先通过用户调研、社交媒体等多渠道收集真实评价,再精选与产品紧密相关、说服力强的评价融入文案。

> **某款智能手表的评价型文案**
>
> "××智能手表荣获2024年度最佳智能穿戴设备大奖,获业界专家和用户一致好评。"

产品详情页文案,涵盖常规型、解决痛点型、故事型和评价型等多种类型,均需以清晰的表达、生动的描述及强大的说服力为着力点,以吸引用户、促进销售为最终目标。

## 课后实训

请撰写一篇高档拉杆箱产品描述文案,提升产品的销售转化和品牌形象。主要步骤参考如下:

1. 进行市场定位,确定拉杆箱的目标群体。
2. 全面了解产品,提炼产品核心卖点和利益点。
3. 撰写产品描述文案,图文并茂,促进销售和品牌形象提升。

## 课后思考

如果请你撰写一款智能手表的产品描述文案,想一想,需要通过文案向消费者传达产品的哪些内容？

## 任务 4　品牌故事的写作

> **任务描述**
>
> 　　品牌故事是展示品牌形象、品牌个性、品牌价值观和品牌愿景的重要手段。通过富有吸引力的故事情节和鲜活的人物形象，品牌故事能够与消费者建立情感联系，有利于增强消费者对品牌的忠诚度。通过本任务的学习，学习者将了解品牌故事写作的步骤和角度，学会创作品牌故事的基本方法。

### 任务要点

#### 1. 品牌故事写作的步骤

（1）明确用户与目标

**了解目标受众**。深入研究品牌的目标用户是谁，包括他们的年龄、性别、兴趣爱好、价值观、消费习惯等。深入理解目标用户的特性，能让故事如箭矢般精准击中靶心，轻易唤起他们的共鸣。

**确定写作目标**。思考为什么要写这个品牌故事。是为了提升品牌知名度、传播品牌理念、吸引新客户、提升品牌形象，还是其他目的？确立清晰的目标，有助于精准把握写作的重点与导向。若旨在吸引新用户，故事则应浓墨重彩地展现品牌为用户创造的独特价值与非凡体验。

（2）挖掘品牌核心

**梳理品牌历史**。梳理品牌的起源、发展历程，包括创始人的故事、重要的里程碑事件等。以苹果公司为例，在其品牌故事中，创始人史蒂夫·乔布斯那股不竭的创新精神，无疑是熠熠生辉的瑰宝。

**提炼品牌价值观**。思考品牌所代表的核心价值观是什么。例如，品质、创新、环保、社会责任等。品牌价值观是故事的灵魂，能够与用户建立情感联结。例如，"比亚迪"品牌的核心价值观是平等、务实、激情与创新。

**找出品牌独特卖点。**分析品牌的产品或服务有哪些独特之处,与竞争对手相比有哪些优势。独特卖点可以成为故事的亮点,吸引受众的关注。例如,"东鹏特饮"专为高强度工作群体量身打造,推出了一款既能提神醒脑又兼具健康性价比的功能饮料,精准锁定了长途驾驶者、运动爱好者以及年轻职场人士等目标用户群体。

(3) 构思故事框架

**确定故事主题。**根据品牌核心和目标用户,确定故事的主题。主题可以是品牌创始人的故事,品牌大事记,品牌使命、愿景、价值观,也可以是品牌与用户之间的情感连接。例如,"欧珀莱"品牌故事主题系列之"社会公益",强调了它多年来参与"爱心书包"公益活动,积极履行企业社会责任的事迹。

**设计故事结构。**故事结构的设计包括规划故事的开头、中间和结尾。故事开头要能够吸引用户的注意力,中间要展开故事的情节和冲突,结尾要给用户留下深刻的印象和启示。例如,可以采用倒叙、插叙等手法来增加故事的悬念和吸引力;可以在结尾处提出一个问题或呼吁行动,引导用户进一步思考和参与。

**选择故事视角。**确定故事的讲述视角,可以是第一人称、第三人称,也可以是品牌创始人、员工、客户等不同角色的视角。不同的视角可以为用户带来不同的感受和效果。例如,以品牌创始人的视角讲述创业故事,可以让用户更深入地了解品牌的起源和精神;以客户的视角讲述使用体验,可以增加故事的可信度和说服力。

(4) 撰写故事内容

**运用富有感染力和画面感的语言。**撰写故事应选择简洁、生动、富有感染力的语言,避免采用晦涩难懂或过于专业的术语,确保故事通俗易懂,贴近受众。

**讲述真实的故事。**品牌故事要基于真实的事件和情感,避免虚构和夸张。真实的故事更容易引发用户的共鸣和信任。例如,分享品牌成长路上遭遇的挫折与难关,以及品牌如何凭借坚韧不拔的精神战胜这些挑战的真实历程,这些都会对打动用户内心有更好的帮助。

**突出情感元素。**撰写故事时,还可以在其中融入情感元素,如喜悦、感动、希望、梦想等。情感如同纽带,紧紧连接着品牌与用户,赋予故事更强的感染力。例如,可以讲述品牌在社会公益方面的贡献,让用户感受到品牌的温暖和爱心。

### （5）审核与修改

审核与修改也是品牌故事创作重要的一步。首先是自我审查，创作者先仔细审查品牌故事的内容、结构、语言等方面，确保故事逻辑清晰、表达准确。其次，要征求他人意见。邀请同事、客户等不同的人阅读故事，并征求他们的意见和建议。最后，修订和完善。综合自我审视与多方意见，对故事内容进行精心打磨与最终完善，确保故事能够准确地传达品牌的核心价值和独特魅力，吸引用户的关注和喜爱。

### （6）定稿与发布

品牌故事文案经过修改打磨后就可以定稿了。精心挑选恰当的时机进行发布与传播，能让品牌故事如春风化雨般潜入人心，深深触动每一位消费者的心弦。

## 2. 品牌故事写作的角度

品牌故事并非空中楼阁，而是根植于事实沃土之上的瑰丽花朵，需以真实为基，方能绽放光彩。创作品牌故事可以从品牌起源、产品特点、消费者体验、品牌文化与价值观等角度切入。

### （1）从品牌起源的角度切入

**品牌创始人的经历**。结合品牌创始人的个人背景、成长环境、兴趣爱好和专业技能等介绍品牌的诞生。例如，李宁品牌创立于1990年，由曾获得多项世界体操冠军的"体操王子"李宁创立。李宁在退役后，凭借其在体操领域的卓越成就和对体育的深厚热爱，创立了这一品牌。自品牌成立以来，李宁公司不仅赞助了多项国际体育赛事，如亚运会和奥运会，并且在1992年成为第一个赞助奥运会的中国体育用品企业，展现了其在体育用品行业的领先地位。

**品牌创立的契机**。描述品牌创立时的社会环境、市场需求或偶然事件。例如，优步（Uber）的创立是因为其创始人在巴黎街头遭遇打车困难，从而激发了他们利用移动互联网技术来解决出行难题的灵感。这个契机体现了品牌的创立是为了解决实际生活中的问题。

**品牌的早期理念**。这类品牌故事侧重于分享品牌创立初期的愿景、价值观和目标。例如，在新中式糕点这股潮流的涌动之下，"唐心月饼"品牌创始人刘海陶，作为正宗广式月饼的非遗传承人，将传统工艺与现代科技相结合，致力于打造符合当代消费者口味与健康需求的产品。

(2) 从产品特点的角度切入

**独特配方或工艺**。如果品牌产品有独特的配方或制作工艺,可以作为切入点。例如,"同仁堂"创立于1669年,作为中国中药行业的老字号品牌,其深厚的历史底蕴和对质量的执着追求,使其成为中医药文化的代表。"同仁堂"不仅将"炮制虽繁必不敢省人工,品味虽贵必不敢减物力"等古训内化为企业行为准则,而且通过其丰富的产品线和精湛的工艺,确保了"配方独特、选料上乘、工艺精湛、疗效显著"的产品品质,从而享誉海内外。

---

**配方独特　选料上乘　工艺精湛　疗效显著**

"配方独特、选料上乘、工艺精湛、疗效显著"是同仁堂的制药特色,也是历代同仁堂人对药品质量的郑重承诺和不懈追求。

配方独特:同仁堂的处方大多来源于客家祖传、民间验方、古方及宫廷秘方,经过不断收集、整理、优化,形成了同仁堂特色的配方,《同仁堂传统配本》是其代表作。

选料上乘:同仁堂遵循古训和清宫制药标准,制定了高于国家质量标准的企业标准,采用"采基地、用其时"和"上等、纯洁、地道"的药材,确保了选料、投料一流。

工艺精湛:同仁堂秉承古训,依法炮制,其前处理环节包含20道工序、50余种加工技法,历经传承至今,更与现代制药技术融合,铸就了同仁堂制药工艺的精湛与卓越。

疗效显著:同仁堂历来注重药品疗效,不仅悉心钻研处方配伍、精选用料、精益制造,更是把药品疗效作为同仁堂质量观的核心要求,用有疗效的药品实现"济世养生"的价值观。

---

**技术创新**。科技品牌的崛起离不开持续的技术革新。以"华为"为例,其不断突破技术壁垒,从昔日的传统电信设备制造商,转身为全球领先的信息与通信基础设施及智能终端提供商。它的每一次技术突破都可以写入品牌故事,正是这些创新故事一次又一次展示了品牌的技术实力和引领行业发展的地位。

**产品设计理念**。在消费升级与体验经济时代,优秀的产品设计已从单一功能实现转向"功能性、美学价值与用户体验"的三维融合。领先品牌通过深度洞察用户需求，在技术创新与人文关怀之间寻找平衡点，将每一件产品转化为连接品牌与用户的"情感载体"。以波司登为例，该品牌在羽绒服领域实现了功能性与设计美学的统一，采用分区填充技术提升保暖性能的同时，通过流线型剪裁满足现代用户的审美需求，每件产品经过150道工序精工制作，实现了品质与体验的双重提升。

（3）从用户体验的角度切入

**情感共鸣**。品牌故事还可以从情感共鸣的维度出发，深入挖掘用户在使用产品或服务时内心涌动的快乐、满足与自信。以"迪士尼"品牌故事为例，游客在乐园里与迪士尼角色的趣味互动、各种刺激的游乐设施，这些场景都能引发消费者的情感共鸣，使品牌故事更加生动。

**解决问题**。品牌故事创作可从用户痛点解决视角展开，通过呈现产品使用前后的对比效果，直观体现品牌价值。以"100年润发"为例，其品牌故事通过描述用户从头发干枯、油腻等困扰到使用后获得健康光泽秀发的转变过程，具体展现了产品的功能价值。这种"问题—解决"的故事结构增强了品牌信息的可信度和说服力。

> **100年润发品牌故事**
>
> 100年润发以"植物润养东方美"为品牌理念，专注研究东方发质需求，传承植物养护智慧，以现代科技为自然能量注入全新灵感，针对性地解决头皮和头发健康问题。历经数十年匠心打磨，构建了独特的"植物润养"秀发健康体系，精选天然植物氨基酸，科学配比多样植物精华，实现轻盈调理，润泽而清爽，让秀发焕发自然光彩。

**用户口碑**。以用户社区和良好口碑为重要突破口，若品牌拥有活跃的社群或卓越的声誉，则可充分利用这一优势，作为强有力的营销切入点。例如，"小米"拥有庞大的粉丝社区，它的品牌故事就可以讲述这些用户社区的活力，以及用户之间的互动和对品牌的热爱，以此来展示品牌的影响力和吸引力。

（4）从品牌文化与价值观的角度切入

**品牌价值观**。品牌故事可以从品牌核心价值观角度切入，确立品牌核心价值观，诸如诚信、创新、环保及社会责任，并以生动故事为载体，展现这些价值理念。例如，"格力"坚持创新驱动，提出研发经费"按需投入、不设上限"，它的品牌故事就可以讲述"格力"在创新研发上的举措以及取得的成果。

**品牌文化传承。** 品牌故事也可以从文化传承角度切入，如果品牌有文化传承元素，如家族传统、地域文化或历史文化，可以重点介绍。例如，"茅台"的品牌故事包含了中国酒文化的传承，从古老的酿酒工艺到酒在传统节日和礼仪中的作用，体现了品牌深厚的文化底蕴。

**品牌个性。** 品牌故事可以从品牌个性角度切入，塑造鲜明的品牌个性。例如，安全可靠是沃尔沃品牌最为突出的个性特征，也是其核心价值。它的品牌故事可以讲述沃尔沃对安全的高度重视和持续投入，让用户感受品牌的个性魅力。

（5）从品牌发展的关键时刻角度切入

**危机应对。** 品牌故事可以讲述品牌在危急时刻的果敢应对与华丽转身。如强生公司在泰诺胶囊遭恶意投毒后，迅速召回产品，重塑包装，并强化安全防线。此危机应对彰显了品牌对用户安全的深切关怀及高度责任感，构成了品牌故事中不可或缺的篇章。

**战略转型。** 从战略转型视角出发来写品牌故事，则应详尽阐述转型的动因、历程及成效。比如品牌曾经历战略调整，由传统零售向电商转型，或由产品导向转为服务导向，例如，"耐克"已从单一的运动装备制造商成功转型为运动服务和体验的综合提供商，凭借创新的运动 APP 及独特的线下体验店，全方位满足用户的运动需求。品牌故事可以围绕这一转型，讲述品牌如何适应市场变化，拓展业务范围。

**重大合作或里程碑事件。** 品牌故事构建可通过呈现重大合作与关键成就强化品牌价值认知。以"海信"为例，该品牌通过与国际知名体育 IP 的战略合作提升全球影响力。作为皇家马德里足球俱乐部官方赞助商，海信将高端显示技术应用于伯纳乌球场观赛系统升级项目，通过 100 英寸以上超大屏电视产品优化球迷观赛体验。之后，海信在全球 100 英寸电视细分市场占有率居全球首位。

## 课后实训

某高端品牌女装定位于城市 20—40 岁女性，单品定价为 500—1000 元。采用优质面料，以修身的裁剪、精致的工艺，提供时尚、浪漫风格的服饰。请根据以上信息,为此女装撰写品牌标语和品牌故事文案。

### 课后思考

请思考:在品牌文案中讲述品牌故事有何重要性?如何结合品牌故事和消费者需求来撰写能引起用户共鸣的文案?

# 项目二　营销软文写作

## 任务 1　认识营销软文

**任务描述**

通过精心策划的营销软文，企业能够巧妙地将产品或服务信息融入具有吸引力和价值的内容中，以故事性、情感化、权威性的方式吸引目标用户的注意力，激发他们的兴趣，从而有效地推广品牌并促进产品销售。通过本任务的学习，学习者将了解营销软文的概念、作用、类型等基础知识，为后续撰写优质营销软文打下良好的基础。

**任务要点**

### 1. 营销软文的概念

营销软文借助文字媒介，运用故事叙述、新闻报道、知识分享等多种手法，将产品、服务或品牌信息巧妙融入内容之中，旨在以潜移默化的方式触动目标用户的心弦，激发他们的浓厚兴趣与深切信任，从而引导他们主动采取购买行动或持续关注，是一种极具策略性的软性广告文案。营销软文的核心在于将广告信息巧妙地融入有价值的内容中，避免直接推销。与传统硬广告的直接陈述方式不同，营销软文更注重采用隐蔽而温和的手法，以极具吸引力的方式传递营销信息，使用户在不经意间接受并认可，从而达到营销目的。营销软文追求的是一种春风化雨、润物无声的传播效果。

### 2. 营销软文的作用

营销软文作为一种高效的营销工具,不仅能够避免引起用户的反感,还能有效实现营销目标。其主要作用体现在以下几个方面:通过精准定位和高质量内容提升品牌知名度;通过讲述品牌故事和提供有用信息来建立积极的品牌形象;通过情感共鸣和专业语言表达促进产品销售;以及通过SEO优化和社交媒体互动增加流量。通过广泛的传播渠道,营销软文能够迅速扩大品牌知名度,让更多人了解并记住品牌。同时,营销软文以积极、正面的视角展示品牌的价值观和独特性,有助于提升品牌形象。此外,营销软文通过精准的内容策划,能够有效激发用户的购买欲望,显著提升产品销售量。通过巧妙的引导,营销软文还能吸引用户点击链接,访问品牌官网,从而大幅提高网站的流量和曝光度。

(1) 降低广告成本

与传统硬广告相比,营销软文是一种成本较低的广告手段。美国百货公司之父约翰·沃纳梅克有一句名言:"我知道我的广告费有一半浪费了,但是我不知道浪费在哪里。"这句名言揭示了广告投放中的一个普遍难题:广告效果的不确定性。在门户网站的网页上投放广告,虽能覆盖大量用户,却难以确定哪些人真正关注并产生购买意愿。营销软文无需巨额的广告预算,凭借自媒体平台精准定位潜在用户,减少资源浪费,提升转化率。

(2) 增加流量

精准定位目标用户并紧跟热点,营销软文能紧密关联用户需求,运用故事化、场景式、情感化的呈现方式,增强内容的吸引力与实用性,吸引大量用户。在撰写营销软文时,可以巧妙地嵌入企业网站链接、APP下载地址以及品牌社群二维码,以此引导用户进入指定渠道,有效实现流量引导。同时,高质量的软文能够借助用户的自发分享与传播,将品牌信息广泛传递给更多潜在的消费者,从而持续为品牌吸引流量,并最终转化为实际的商业价值。

(3) 提升品牌知名度

营销软文能以多样形式在各类平台广泛传播,通过巧妙融入引人入胜的品牌故事、鲜明的品牌价值观以及积极的品牌社会责任等元素,使用户在轻松愉快的阅读体验中逐步加深对品牌的认知,进而有效提升品牌在市场中的曝光度与知名度。

### （4）增强用户黏性

通过持续发布有价值的营销软文，如分享专业知识、提供生活小贴士等，可以让用户深切感受到品牌的专业实力与贴心关怀。以养生保健品牌为例，发布养生保健知识类软文，这不仅能精准满足注重身体健康人群的实际需求，还能促进用户与品牌之间建立稳定而持久的互动关系，从而加深用户对品牌的认同感与忠诚度，显著提升用户黏性。

### （5）塑造品牌形象

根据品牌定位的独特性以及目标用户的偏好，营销软文能够精心塑造出别具一格的品牌形象。例如，品牌可借宣传环保理念、公益行动的软文，展现环境友好、社会友好的品牌形象，在用户心中树立正面印象。

### （6）促进产品销售

营销软文中通常会适时植入产品特点、优势及使用场景等信息，激发用户的购买欲望。如某款美容仪的营销软文，详细介绍其独特的护肤原理、使用后的显著效果，并搭配用户好评案例，让用户清晰感知产品价值，从而促使他们下单购买，直接推动产品销量增长。

## 3. 硬广告与营销软文的区别和联系

**硬广告和营销软文的区别。** 硬广告往往直接明了地展示产品或服务的亮点与优势，旨在促销，语言风格直白且具有较强的商业气息。营销软文则侧重于激发情感共鸣，通过故事性、场景、情感元素的融入，在传递广告信息的同时，更强调受众的情感体验。

**硬广告和营销软文的联系。** 营销软文与硬广告一样，都是品牌营销的手段，但在表现形式和传播方式上存在差异。营销软文能够借助叙事和情感表达，与用户建立更加亲和的联系，增强品牌影响力和用户黏性，与硬广告相辅相成，形成品牌全方位的营销传播。

## 4. 营销软文的主要类型

### （1）产品推广软文

这类营销软文一般会重点突出产品的特点、优势和价值，以吸引用户购买。常采用细腻笔触描绘，结合真实案例及用户评价，全方位展现产品的独特魅力，有效提升产品可信度和吸引力。

主要适用场景：新产品上市，需要快速提高产品的知名度和曝光度；产品促销活动,如打折、满减、赠品等,吸引用户购买。

(2) 品牌宣传软文

这类营销软文旨在塑造、传播品牌形象,传递品牌的价值观、文化和理念。写作时需着重展现品牌的独特性和差异性,确保品牌在竞争中能够脱颖而出。通过讲述品牌故事、展示荣誉及履行社会责任,增强品牌美誉度和客户忠诚度。

主要适用场景:品牌建设初期树立形象、提升知名度,以及品牌升级或转型时传达新定位和价值主张。

(3) 行业资讯软文

这类营销软文会紧跟行业动态,捕捉最新趋势与热点,为用户奉上极具价值的信息盛宴。同时,深度结合企业业务与产品特色,提供权威分析解读,彰显行业洞察力与专业水准。

主要适用场景:企业在行业内具有一定的影响力和话语权,希望通过分享行业资讯,提升企业的品牌形象和行业地位;针对特定的目标用户,如行业从业者、专业人士等,提供有针对性的行业资讯,吸引他们的关注和参与。

(4) 用户案例软文

这类营销软文需依托真实用户案例,细腻描绘用户使用产品或服务的亲身体验与感受。借助用户口碑的力量,有效提升产品或服务的可信度与吸引力,让潜在用户信服。可以采用故事叙述、案例分析等方式,生动地展示产品或服务的价值和效果。

主要适用场景:产品或服务已经有一定的用户基础,希望通过用户案例来吸引更多的潜在客户;针对特定的目标用户,如企业客户、个人消费者等,展示产品或服务在不同场景下的应用效果。

(5) 活动营销软文

这类营销软文强调活动的亮点、优惠和参与方式,来吸引用户的关注和参与。它需要根据活动的主题和目标,精心策划并撰写创意内容,从而显著提升活动的影响力和传播效果。

主要适用场景:企业重大营销活动,旨在提升知名度和参与度;特定节日、纪念日主题活动,吸引用户关注和促进购买。

(6) 情感营销软文

这类营销软文以情感为切入点,通过触动用户的内心世界,来达到引起共鸣的效果。通过讲述感人的故事和表达真挚的情感,与用户建立深厚的情感联结。情感营销软文里,产品或服务化身为解决情感困扰的工具,它们不仅满足物质需求,更触及情感需求,从而大幅提升销售转化率。

主要适用场景:针对特定的目标用户撰写软文,如女性消费者、年轻消费者等,进行情感营销,以满足受众的情感需求;为具有情感属性的产品撰写软文,如礼品、美容产品、家居用品等,通过情感营销能显著提升其附加值和销售转化率。

### 课后实训

请检索一篇典型的营销软文,并对软文的类型、特点进行分析。

### 课后思考

一家知名旅游网站需要为一个热门旅游目的地撰写一篇介绍性软文,你觉得应该如何着手写作?

## 任务 2　营销软文的写作

### 任务描述

营销软文是一种软广告形式,它是将产品或服务的信息巧妙地融入文案之中,目的在于引导用户关注产品或服务,最终促使用户采取购买产品、关注品牌等行动。撰写营销软文需兼顾内容质量、用户体验与推广成效,精心策划与创作,以吸引用户眼球并激发其行动意愿。通过本任务的学习,学习者将掌握营销软文的写作要点和注意事项,以便撰写出高质量的营销软文。

### 任务要点

#### 1. 营销软文写作要点

营销软文兼顾实用知识与情感价值,传递价值的同时还可以激发受众兴趣,促使其采取行动,从而实现推广目标。营销软文主要的写作要点包括明确目标用户、设计引人入胜的标题、创作优质内容、巧妙融入推广信息、优化排版与设计、引导行动。

(1) 明确目标用户

营销软文需围绕明确的目标用户展开,无论是旨在提升品牌知名度、详细介绍产品功能,还是期望巧妙引导用户完成购买、注册、咨询等特定行为,在写作前,都需清晰定义期望目标和用户,确保内容能够精准触达目标用户。通过细致勾勒目标用户的基本特征,包括年龄层次、性别比例、兴趣倾向、消费习惯及核心需求,进而精确把握软文内容的风格导向与核心信息,确保内容直击用户心扉。例如,如果目标用户是年轻的时尚爱好者,软文可以采用更潮流、轻松的语言风格;如果目标用户是商务人士,语言则可以更专业、严谨。

(2) 设计引人入胜的标题

标题是吸引用户眼球的关键,须兼具吸引力与感染力,方能引人入胜。可以采用悬念式、疑问式、夸张式等多种手法,激发用户的好奇心和阅读欲望。设计标题时可以从以下几方面着手:

突出利益点,直接表明用户能从文中获得什么好处。例如,"××(产品或品牌)让你轻松拥有完美肌肤的秘密武器"。

制造悬念,激发用户的好奇心。例如,"开车省油的5个技巧,你知道吗?"

运用情感共鸣,触动用户的情感。例如,"献给所有为梦想奋斗的人:××(品牌)与你同行"。

结合热点,借助当下热门话题吸引用户。例如,"××(热点事件)之后,××(产品或品牌)为何成为众人的选择?"

(3) 创作优质内容

首先,营销软文的核心在于打造优质内容,内容须兼具独特性、趣味性与价值性,三者缺一不可。内容的独特性可以吸引用户的注意。有趣的表达方式可以增加内容的传播力。价值性在于为用户提供有价值的信息,而非单纯的广告宣传。例如,推广美容产品时,可以分享一些护肤小常识;推广健身器材时,可以提供一些健身训练方法。

其次,语言风格须亲切自然,摒弃生硬推销,以朋友般的真诚与用户沟通让用户感到舒适,增加信任感。

再次，内容结构布局须合理。一般采用总分结构。开头引出主题，吸引用户；中间详细阐述内容，突出产品或服务的特点、优势；结尾总结并引导行动，鼓励用户购买、咨询或分享。同时，要保持内容的信息量，确保传达产品或服务的关键信息，让用户对品牌有清晰的认知和印象。

(4) 巧妙融入推广信息

**避免生硬。** 营销软文中，广告宣传需避免生硬，应巧妙融入情感元素，让用户在共鸣中接受信息，而非直接灌输广告内容。

**无缝呈现。** 确保产品或服务在内容中无缝呈现，避免广告突兀插入，使信息自然流露。例如，在讲述解决问题的方法时，顺势介绍产品如何有效地解决该问题。

**强调优势。** 明确阐述产品或服务的独特卖点，如卓越品质、亲民价格、周到服务等。可以通过对比、案例等方式来突出优势。

**建立信任。** 借助用户好评、专家背书、权威认证等，有效提升产品或服务的可信度。

(5) 优化排版与设计

**排版清晰。** 使用合适的段落分隔、字体大小和颜色，增强文章的可读性。例如，可以使用小标题来划分不同的内容板块。

**运用视觉元素增强文案吸引力。** 搭配高质量的图片和图表，如产品图片、使用场景图片、图表等，可以吸引用户的注意力，帮助用户更好地理解内容。运用视频和动画等丰富多彩的视觉元素，犹如为产品特点和品牌形象披上了一层绚丽的外衣，极大地增强了文案的吸引力，使用户参与度跃升到新高度。例如，产品演示视频的直观展示、品牌宣传动画的创意演绎等，无不令人眼前一亮。

(6) 引导行动

在营销软文的结尾或适当位置，需加入明确的行动号召（Call to Action）。例如，"立即购买××（产品名），享受××（优惠活动）""点击链接了解更多""拨打××（电话号码）咨询"或"扫码领取优惠"等。通过清晰的引导，推动用户采取下一步行动，从而实现推广目标。

掌握以上要点，文案创作者就可以写出一篇高质量的营销软文。例如，乐高是著名的积木玩具品牌，它以色彩丰富的塑料积木颗粒为基础，可以通过拼接搭建出各种各样的造型，如建筑、车辆、人物等，能激发创造力和想象力。以下案例中,乐高的营销软文紧扣乐高积木激发创造力、具教育性、强互动等优势,以生动的语言展现其魅力,引发共鸣,极大地激发了用户的购买欲。

乐高积木:创意无限的奇幻世界

在孩子的成长过程中,玩具是他们重要的伙伴。而乐高积木,是能够激发孩子无限创造力的神奇玩具之一。

乐高积木,这些色彩斑斓的小方块,不仅激发孩子们的想象力,还培养了他们的空间想象力和创造力。乐高积木以其高质量的ABS塑料材质、精细的做工和创新的设计,确保了拼插的顺畅和安全性,从而在孩子们的娱乐和教育中扮演了重要角色。孩子们通过乐高积木搭建出各种造型,从高楼大厦到奇幻城堡,从可爱的动物到酷炫的机器人,这些活动在锻炼孩子们动手能力的同时,也让他们对空间结构和几何概念有了更直观的理解。在这个过程中,孩子们的想象力和创造力得到了充分的释放。

乐高积木,不仅是孩子们的玩具,更是启迪智慧、寓教于乐的教育瑰宝。通过乐高教育,孩子们可以在拼搭过程中培养空间认知能力、手眼协调能力以及解决问题的能力。此外,乐高积木还能激发孩子的创造力,促进团队合作,并在玩乐中学习科学和数学知识。孩子们在搭建乐高时,须不断思考积木的组合方式,这一过程正是锻炼他们思维能力的绝佳机会。而且,乐高积木适合各个年龄段的孩子。简单的拼搭套装可以帮助年幼孩子认识颜色和形状,复杂的主题套装则用来挑战年龄稍大孩子的搭建技能,无论哪一种套装都能有效促进他们的认知发展、空间智能、解决问题的能力以及创造力和想象力的提升。

此外,乐高积木具有较强的互动性,孩子们可与伙伴共搭,分享创意和快乐,增进友谊,培养团队合作精神。

选择乐高积木,就是为孩子打开一扇通往创意无限的奇幻世界的大门。乐高积木不仅激发孩子们的创造力和想象力,还通过动手操作和团队合作,培养了孩子们的空间想象力、逻辑思维能力以及合作精神。例如,通过乐高积木的拼插过程,孩子们可以在三维空间中思考,提高空间智能,理解物体的形状、大小和结构,并将这些元素组合起来形成更复杂的结构。此外,乐

> 高积木的拼搭过程要求孩子们观察、理解并解决问题，培养了他们合理安排积木位置和连接方式的能力，以及在遇到困难时坚持不懈的品质。乐高积木的独特之处还在于它促进了孩子们的合作与社交技能，当多个孩子共同参与拼乐高项目时，他们需要互相交流、分工合作，才能完成一个大型的乐高构建项目。让我们一起用乐高积木，陪伴孩子成长，见证他们的无限可能。

### 2. 营销软文写作注意事项

（1）内容方面

**真实性。** 软文内容需基于事实，严禁夸大宣传。利用真实数据、用户好评及权威认证，提升软文可信度。例如，引用用户真实评价或第三方检测报告，能够让用户更愿意相信推广信息。

**价值性。** 要为用户提供有价值的信息，如解决问题的方法、行业知识、使用技巧等，不能只是一味地宣传产品。

（2）营销技巧方面

**广告植入自然。** 软文的广告性质要巧妙融入内容中，避免生硬推销，而要让用户在不知不觉中接受产品或服务信息。

**避免过度营销。** 不要在软文中堆砌过多的营销术语和口号，也不要过度强调购买信息，以免引起用户反感。

（3）语言表达方面

**语言简练明了。** 避免冗长和晦涩，确保用户快速抓住要点。

**风格需贴切。** 依据目标用户群及商品特性，选用恰当的语言风格，如幽默、专业或温情风格，以增强文章的吸引力和用户共鸣。

### 📝 课后实训

一家新开的湘菜特色餐厅，人均消费 100—150 元，希望提高知名度，想吸引食客前来品尝。请分析目标顾客的饮食习惯和偏好，设计能够引起食客兴趣的软文主题，并撰写一篇软文。

### 课后思考

请思考:一家手工艺品品牌的营销软文可以从哪些方面挖掘营销元素?

## 任务3 营销软文中关键词的设置

### 任务描述

在营销软文推广中,精心挑选和设置关键词是提升搜索引擎优化(SEO)效果和吸引目标用户的关键策略。通过深入的关键词研究,可以了解潜在用户的需求和搜索习惯,优化网站内容和结构,从而在搜索引擎结果页面(SERP)上获得更高的排名,吸引更多的流量和潜在用户。通过精心规划关键词布局,网站不仅能够提升搜索引擎排名,还能帮助用户更容易通过搜索找到相关信息。本任务介绍软文中关键词的类型、关键词设置的原则、关键词的植入位置,通过本任务的学习,学习者将学会正确地设置营销软文的关键词。

### 任务要点

**1. 关键词的类型**

关键词的选择是营销软文优化的第一步,直接决定了营销软文能否被目标用户搜索到。按搜索引擎优化(SEO)角度,关键词有以下几种类型。

(1) 核心关键词

核心关键词是指能直接表现出软文主题的关键词,一般由 2—4 个词组成,通常是产品或服务的主要名称、功能或特点。

核心关键词通常具有较高的搜索量和广泛的覆盖面,是软文优化的重点。选择核心关键词时,需考虑以下几点:

**相关性**。关键词必须与营销软文主题紧密相关。

**搜索量**。选择有一定搜索量的关键词,但避免过于热门的词,因其竞争难度较大。

**用户意图。**关键词应匹配用户的搜索意图。例如,用户是寻找信息、购买产品还是解决问题。

(2) 长尾关键词

长尾关键词是指字数较多、描述具体的关键词,通常由几个关键词组合而成。长尾关键词通常反映用户的具体需求或问题。这类关键词搜索量较低但更精准,竞争度较低,能带来更高的转化率。例如,在推广抗衰老面霜时,长尾关键词可以是"适合40岁女性的抗衰老面霜""平价抗衰老面霜推荐"或"敏感肌可用的抗衰老面霜"。这些长尾关键词虽搜索量不高,却能有效吸引特定目标用户的注意。

(3) 泛关键词

泛关键词指搜索范围广泛、指向性较弱的词汇,通常为行业大类或宽泛概念(如"手机""护肤品""旅游攻略"等)。这类关键词的特点在于覆盖面广,能够吸引大量潜在用户,但由于其搜索意图较为模糊,用户可能仅处于初步了解阶段,尚未形成明确消费需求。从竞争角度来看,泛关键词因搜索量巨大,往往被头部品牌或权威机构占据,中小企业若直接竞争此类关键词,排名难度较高,投入产出比相对有限。此外,泛关键词的转化率通常较低,虽能提升品牌曝光度,但需结合精准关键词与长尾关键词进行组合优化,才能实现从流量引入到需求转化的闭环。例如,在营销软文中,可通过"护肤品"这一泛关键词吸引对护肤感兴趣的用户,再通过"敏感肌专用美白精华"等长尾关键词精准触达细分需求人群,从而提升整体营销效果。

**2. 关键词设置原则**

在软文中设置关键词时,须遵循以下4个原则,以确保关键词的效果最大化。

(1) 相关性原则

关键词必须与文章主题高度相关,避免引入无关的内容,以免误导目标用户或遭受搜索引擎的负面评价。例如,如果撰写关于"智能扫地机器人"的文章,关键词应围绕"扫地机器人"展开,而不是"吸尘器"或"空气净化器"。

(2) 自然融入原则

在营销软文创作中,需将关键词与产品功能、使用场景或用户痛点有机结合,避免机械重复或生硬堆砌。例如,不应采用"这款智能扫地机器人性能卓越,性能卓越,性能卓越,适合大户型家庭"这种同一关键词重复三次的错误方式,因其既未提供额外信息,又破坏了阅读节奏,易被搜索引擎判定为作弊行为;而应采用"这款智能扫地机器人搭载激光导航系统,能高效规划清扫路径,尤其适合家具布局复杂的大户型家庭"的正确示范,通过"激光导航系统""高效规划清扫路径"等功能描述自然带出关键词,并补充"家具布局复杂"的具体使用场景,实现信息增量与关键词的有机融合,既保障用户体验,又符合搜索引擎优化原则。

(3) 适度原则

关键词密度应适度,要做到既能让搜索引擎识别文章主题,又不会影响其可读性。在文章篇幅受限的情况下,应谨慎避免同一关键词的过度重复。为了提升关键词密度,可以巧妙地用更加精确的核心关键词或长尾关键词进行替换。

(4) 数据驱动原则

定期用 SEO 工具(如"5118 营销大数据")分析关键词排名和用户搜索趋势,根据数据反馈(如点击率、转化率)调整关键词策略。如果某篇文章的点击率较低,可以尝试更换标题中的关键词。

### 3. 关键词的植入位置

关键词的植入位置对软文的搜索引擎抓取和用户阅读至关重要。建议采用金字塔结构植入关键词,具体为:

标题(核心关键词)→ 首段(核心关键词 + 泛关键词)→ 正文(泛关键词 + 长尾关键词)→ 结尾(长尾关键词 + 行动呼吁)。

(1) 标题

由于搜索引擎展示搜索结果时往往会展示标题中的关键词,所以在标题中植入关键词,可以提高软文被搜索到的概率。因此,撰写标题时,务必嵌入最重要的核心关键词,以此助力软文在搜索引擎中脱颖而出,提升排名。

(2) 正文首段

与软文标题相同,软文首段会被搜索引擎默认为软文的摘要部分,同样会被展示在搜索结果中。因此,正文开头 100—150 字范围内,需自然且巧妙地嵌入核心及泛关键词,从而显著提升软文在搜索引擎结果中的排名。

(3) 正文小标题

在正文中可以设置一些小标题,然后在适当的小标题中加入关键词,例如,以推广"抗衰老面霜"为例，在正文中，可以通过小标题"如何选择适合的抗衰老面霜？"进一步展开。

（4）正文中

在确保语言流畅，不影响用户整体阅读体验的前提下，正文中可均匀分布关键词。此外，务必注意关键词的使用频率，切忌过度堆砌，以免破坏文章的阅读流畅性。

（5）结尾

结尾部分，不妨再次提及长尾关键词，以此强化主题，并巧妙引导用户采取进一步行动。例如，"如果你正在寻找一款适合 40 岁女性的抗衰老面霜，不妨试试以上推荐的产品，让你的肌肤重现年轻光彩"。

软文中关键词的设置是提升搜索效果和吸引目标用户的关键。通过精心挑选关键词、科学布局关键词、巧妙融入关键词，并依据数据反馈不断迭代优化，能够显著提升软文的搜索排名及转化率。

### 课后实训

请为即将上市的环保型智能空气净化器写一篇 500 字左右的软文。要求标题含两个关键词，正文自然融入"环保型""智能""高效净化""低噪运行"各至少 2 次，突出产品优势，引导用户购买。

### 课后思考

结合你日常阅读的软文，分析哪些软文的关键词设置让你印象深刻，并重点关注它们是如何通过关键词吸引你的注意力、引导你阅读并记住产品信息的。

# 模块三　图文类新媒体文案写作

互联网时代下，人们的工作、业余及生活空间趋向碎片化，多样化、个性化的需求日益增长。而且，用户的品牌认知路径已经发生根本性重构。不经意看到的内容、身边亲朋好友的评价、热点话题的造势以及明星红人的推荐都会影响人们对品牌的好感度。新媒体及个人IP自媒体时代，"内容种草"已成为品牌塑造与市场营销的关键一环。新媒体时代下的文案营销需要创新的思路、方法和策略。本模块主要介绍图文类新媒体文案的写作，包括电商文案、小红书文案、微信公众号文案。

## 学习目标

1. 熟悉图文类新媒体平台的发展历程、分类及特点。
2. 了解电商文案、小红书文案和微信公众号文案的要求、特点及写作方法。
3. 熟练掌握电商文案的概念、分类、写作方法及卖点的提炼与设计。
4. 学会根据平台特点选择合适的平台创作和发布图文文案。
5. 提升文案创意构思、逻辑组织、语言表达及视觉配合能力。

# 项目一　图文类文案写作

## 任务1　了解常见的新媒体平台

**任务描述**

深入了解图文类新媒体平台的发展脉络和常见平台类型,明晰各类平台的独特优势与特点,有利于精准地定位目标用户,创作出更具吸引力的文案。通过本任务的学习,学习者将了解新媒体平台的发展历程和常见的图文类新媒体平台,清楚各种平台的特点,为撰写适宜的文案做准备。

**任务要点**

新媒体平台,作为互联网发展的产物,是一种新兴的媒介传播形式。是通过利用数字技术、网络技术,以数字化形式进行信息传播与交互的各类平台。在当今互联网高速发展的时代,新媒体图文类文案的重要性愈发凸显。一方面,它能迅速在互联网上传播开来,形成积极的口碑效应;另一方面,新媒体图文类文案触达的用户不仅是信息的接收者,还能参与内容创作、分享和讨论,如评论、点赞、转发,有助于实现用户与企业或组织的直接互动,增强用户对企业的信任度。

### 1. 新媒体平台的发展历程

联合国教科文组织对新媒体的定义是:以数字技术为基础,以网络为载体进行信息传播的媒介。《美国连线》(wied)杂志将新媒体定义为"所有人对所有人的传播"。研究机构、组织、专家学者纷纷从不同角度对"新媒体"进行界定,但几乎所有的相关研究都承认互联网在"新媒体"中的核心作用,认为它既是"新媒体"的重要表现形式,也是推动其发展的强大动力。"新媒体"与"互联网"相伴而生,是基于数字化手段的传播媒体,广泛应用于社交、电商、资讯及短视频等平台。图文类新媒体的发展大体经历了以博客、微博、微信等为代表的不同时期。最早是 BBS 和博客时代,2006 年博客技术先驱兼创始人埃文·威廉姆斯(Evan Williams)创建的新兴公司 Obvious 推出了大微博服务。在最初阶段,这项服务只是用于向好友的手机发送文本信息。2007 年,王兴创立了中国第一家带有微博色彩的社交网络"饭否网"。2007 年"腾讯滔滔"上线。2009 年新浪微博开始内测。随后,搜狐、网易、腾讯等门户网站纷纷推出微博平台,140 字限制的微博时代宣告来临,标志着"新媒体元年"的开启,简短快捷的图文信息传播迅速风靡。2012 年,"微信"横空出世,引领了以朋友圈和微信公众号为核心的"新媒体运营时代",吸引了众多专业内容创作者和机构的加入,使得图文内容愈发丰富多元。如今,图文类新媒体平台凭借深度内容与专业优势仍占据重要市场地位,主要分为五类:一是综合资讯类(如今日头条、腾讯新闻、百家号),以算法推荐和全网热点覆盖为主;二是社交媒体图文板块(如微博、微信公众号、小红书),依托社交关系链,强化热点传播与深度图文结合;三是垂直社区(如知乎、豆瓣、虎扑),聚焦细分领域,用户黏性高、商业转化强;四是专业内容平台(如 36 氪、丁香医生、雪球),专注科技、医疗、金融等领域,权威性与付费服务突出;五是新兴平台(如简书、Notion 社区、Lofter),以轻量化创作或小众兴趣切入。

相较于传统媒体营销,新媒体营销是指运用数字、网络、通信和移动互联网等新技术,通过电脑、手机、平板电脑等终端,向用户提供新型营销广告、信息、娱乐等传播方式和新媒体形态。新媒体营销即借助新媒体平台进行的市场营销活动,是市场营销领域的一种创新形式。相较于传统媒体营销,新媒体营销有以下特点(表 3-1-1)。

表 3-1-1 新媒体营销与传统媒体营销对比

| 对比维度 | 传统媒体营销 | 新媒体营销 |
| --- | --- | --- |
| 营销平台 | 报纸、杂志、电视、广播 | 门户、搜索引擎、微博、微信、博客、播客、App、网络杂志等 |

(续表)

| 对比维度 | 传统媒体营销 | 新媒体营销 |
|---|---|---|
| 信息量 | 小 | 大 |
| 传播路径 | 单向 | 多向 |
| 可扩展性 | 空间小 | 无限空间 |
| 互动效果 | 差 | 好 |
| 传播效果 | 有限 | 广泛 |
| 营销优势 | 容易取得营销效果 | 信息量大、传播速度快 |

新媒体平台具有传播速度快、传播范围广、传播深度大等优势,随着互联网技术的普及和移动互联网的发展,新媒体平台如微信公众号、微博等逐渐成为信息传播的重要渠道。这些平台不仅降低了内容创作和分享的门槛,还促进了公众参与和互动,极大地推动了信息交流和内容创作的多样化。2009年新浪微博上线,引起社交平台自媒体风潮;2012年微信公众号上线,自媒体向移动端发展;2014年,电商平台和门户网站等也纷纷加入自媒体领域,推动了平台的多元化发展。除了图文类新媒体平台,2016年直播、短视频等形式成为新媒体内容创业的新热点。(图3-1-1)

图3-1-1 新媒体平台的上线时间

### 2. 常见的图文类新媒体平台

(1) 微信

在移动互联网时代,微信及其公众号已成为人们生活中不可或缺的一部分。它们的发展历程不仅彰显了科技的日新月异,更深刻地重塑了人们的沟通习惯、信息传播路径以及商业运营模式。2011年,微信1.0版本正式上线,当时仅包含即时通讯、分享照片和更换头像等功能。截至2025年5月,微信月活跃用户超过 14 亿,还在持续增长中。

(2) 小红书

小红书平台于 2013 年 6 月正式诞生,其雏形是一份名为《小红书出境购物攻略》的 PDF 文件,该文件一经发布,便迅速吸引了大量用户,短短一个月内下载量即突破 50 万次。小红书的男女用户性别比例约为 3∶7,即女性用户占比高达七成。在年龄分布上,95 后用户占比达到 50％,00 后用户占比 35％,18—34 岁的年轻用户群体占比接近 90％,且这一数字仍在持续快速增长中。小红书经过多年的持续发展,已经从一个专注于购物分享的社区逐渐转变为一个更广泛的生活方式平台。

(3) 微博

微博是一个社交网络和博客平台,用户可以在上面发布文字、图片、视频等内容,并与关注者互动。微博以其信息传播速度快、互动性强等特点而著称。2009 年 8 月初,新浪网推出"新浪微博"内测版,成为门户网站中第一家提供微博服务的网站。2010 年,国内微博像雨后春笋般涌现,四大门户网站均开设微博,如腾讯微博、网易微博等。之后,新浪微博宣布改名为"微博",并推出了全新 logo,逐步淡化了"新浪"特色(若没有特殊说明,如今所提及的"微博"就是指新浪微博)。截至 2024 年 9 月,微博月活跃用户达到 5.87 亿,日活跃用户达到 2.57 亿。

(4) 知乎

知乎是一个中文问答社区,用户可以在平台上提问和回答问题,也可以发布专栏文章。知乎因内容质量高、用户专业而备受好评。2010 年,创始人周源受到国外问答网站 Quora 的启发而创立知乎。如今知乎已成为众多用户寻求知识和解答的首选平台,从最初单一的问答社区成长为综合性、全品类、在诸多领域具有关键影响力的知识分享社区和创作者聚集的原创内容平台。

(5) 今日头条

今日头条是中国最具影响力的资讯类新媒体平台之一,由字节跳动公司于 2012 年 8 月正式推出。作为国内最早应用算法推荐技术的新闻聚合平台,它开创了"个性化推荐"的新闻阅读模式,彻底改变了传统门户网站的信息分发方式。平台依托强大的机器学习算法,能够根据用户的浏览习惯、地理位置、兴趣偏好等数据,实现精准的内容推送,极大提升了信息获取效率。在发展过程中,今日头条不断拓展内容生态,相继推出了微头条、悟空问答、西瓜视频等子产品,形成了多元化的内容矩阵。截至2025年7月,今日头条已发展成为覆盖新闻、视频、问答、社交等多领域的综合性内容平台,月活跃用户超过3亿,成为中国新媒体行业的标杆企业。

常见图文类新媒体平台的对比,见表3-1-2。

表3-1-2 常见图文类新媒体平台的对比

| 平台 | 内容形式 | 传播范围 | 互动性 |
| --- | --- | --- | --- |
| 微信公众号 | 支持文字、图片、视频等多种形式,适合深度内容传播 | 依托庞大微信用户群体,传播广泛,依赖分享和关注 | 可评论、点赞、分享,互动性强 |
| 小红书 | 以图文为主,短小精悍,适合美妆、时尚等碎片化内容 | 用户群体特定,但在特定领域传播效果好 | 评论区交流心得、分享经验,氛围浓厚 |
| 新浪微博 | 支持文字、图片、视频、直播等多种内容形式,包含长微博功能 | 用户基础庞大,信息传播广,热门话题和热搜机制 | 评论和转发功能强大,@提及和私信功能 |
| 知乎 | 以精选回答为主,有深度和专业性 | 用户群体特定,但在特定领域传播效果好 | 可对回答评论、点赞、反对,能提问和邀请回答 |
| 今日头条 | 以新闻报道为主,内容丰富多样 | 基于智能推荐算法,推送范围广 | 有评论区等互动渠道,互动性相对较弱 |

## 课后实训

分析微信公众号成功的关键因素,并讨论这些因素在其他平台上的可复制性。

## 课后思考

请根据个人爱好,选择并深度使用某个图文类新媒体平台,尝试了解并分析该平台的典型功能和使用方式,并思考未来可能需要继续优化的方向。

## 任务 2　电商平台文案的写作

### 任务描述

随着互联网技术及应用和电子商务市场的蓬勃发展，电商平台文案在商品销售和企业品牌传播中扮演着越来越重要的角色。同时，新媒体平台与电商平台呈现功能整合性，如抖音、小红书等新媒体平台中电商功能模块地位逐渐上升，而传统电商平台如淘宝等也开通了直播、短视频、社交等功能。在竞争激烈的电商环境中，写好电商平台文案十分必要。它能精准传达商品或服务的核心价值，塑造独特品牌形象，还能有效激发用户的购买欲望，促进购买决策。此外，好的文案有助于提升用户体验，清晰的信息呈现可减少用户的疑惑与顾虑，增强用户对平台及商品的信任感。通过本任务的学习，学习者将认识电商文案，掌握其分析方法，学会基本的写作技巧，独立完成电商文案的撰写。

### 任务要点

电商平台文案写作不仅是一个多维度的过程，它还要求创作者深入理解市场趋势、商品属性（或产品特性）、用户心理和营销策略。创作者可通过熟练掌握电商文案写作的要点，包括写作的严谨性、准确性，运用三段式写作法，合理搭配图片，精准定位客户以及保证 SEO 友好性，同时深入分析消费者心理的变化趋势，创作出既具吸引力又促进销售转化的优秀文案。

#### 1. 认识电商平台文案

电商平台文案是专为电子商务平台量身打造的一种文案形式。它既承袭了传统文案的全部基本属性，又针对在线销售的特定环境进行专门调整，其核心目的在于推动商品销售。

对于电商平台文案创作者来说，精准把握文案的分类极为关键，因为不同类型的文案在写作技巧和应用场景方面存在明显差异。电商平台文案需针对特定用户群体设计,以精准满足其需求,而非试图覆盖所有潜在用户。通过精准锁定目标用户群体,文案能够更有效地投放到市场,获得转化率的提升。除了传统的品牌文案和销售文案之外,电商平台文案还涵盖主图文案和详情页文案这两大类。

(1) 主图文案

主图文案是指在商品列表中,特别是在搜索结果页面上展示的简短文案。其主要功能是吸引用户目光,激发点击欲望,进而探索更多详情。此类文案需言简意赅,直击商品核心卖点,确保在有限篇幅内吸引用户注意。

以数码电子产品、奢侈品牌等商品为例,这类商品主图背景大量留白,配色比较单一,常见黑、白、灰作为主色以突显主题。商品可截取部分主体作为展示。图3-1-2就是这种类型的主图,仅以品牌名作为文案,灰色作为背景,商品正面图作为主体。

图3-1-2　京东平台迪奥DIOR迪奥小姐花漾女士淡香水30 mL主图

(2) 详情页文案

详情页文案是在用户点击进入商品详情页后呈现的更为全面的文案。它需全面介绍产品特性、优势及使用场景,并解答潜在用户的疑问,从而有效引导用户做出购买决定。详情页文案要求既详尽准确,又要保持吸引力和说服力。

鉴于详情页排版直接影响用户的购买意愿,设计文案时需循序渐进。首先要深入了解目标用户的需求与兴趣,以确定文案的基调与内容;其次,明确产品市场定位,突出其独特卖点与优势;同时,需构建条理清晰的文案结构,帮助用户快速理解信息。如表3-1-3所示。

表3-1-3 详情页文案撰写表

| 部分 | 内容描述关键点 |
| --- | --- |
| 标题 | 产品名称、主要卖点或优势 |
| 副标题 | 简短描述产品的主要功能或优势 |
| 产品介绍 | 卖点1:详细描述产品的第一个卖点<br>卖点2:详细描述产品的第二个卖点<br>卖点3:详细描述产品的第三个卖点 |
| 市场优势 | 解释产品如何在市场上脱颖而出,提供客户评价或案例研究以增加可信度 |
| 技术规格 | 列出产品的技术参数和规格 |
| 使用场景 | 描述产品在不同场景下的应用 |
| 常见问题解答 | 针对潜在用户可能提出的问题提供答案 |
| 呼吁行动 | 鼓励用户采取行动,如"立即购买""了解更多"或"注册免费试用" |
| 联系信息 | 提供联系方式,以便用户可以进一步咨询 |

电商平台文案的创作须将重点置于简洁直观的商品描述之上。运用精准的文字,设计符合目标用户理解力和文化特质的文案。同时,着力营造浓厚的销售氛围,利用视觉色彩、品牌特色及商品展示技巧等元素吸引用户注意。此外,电商平台文案应巧妙融合网络热词,紧跟用户对新奇与潮流的渴望,以此提升商品及品牌的吸引力。

总体而言,电商平台文案需目标明确,通过精准描绘商品特色、营造购买氛围、巧妙运用网络热词及满足用户刚需,打造既贴合电商特性又吸引用户的文案佳作。

### 2. 详情页文案的写作

电商平台文案创作的终极目标就是销售商品。尤其是"爆款"商品能决定一个店铺乃至品牌的整体销售情况。"爆款"商品凭借核心卖点吸引消费者,这些卖点不仅构成购买的核心因素,更直接转化为"买点",成为用户下单的关键。对于电商平台文案创作来说,需要提炼出商品的核心卖点并在文案中进行展示(表3-1-

4)。这些卖点在图文页面的巧妙展示,常能成为促使用户下单的决定性因素。

表3-1-4 卖点及卖点文案总结表

| 卖点分类 | 卖点具体内容 | 卖点文案 |
| --- | --- | --- |
| 原材料 | | |
| 生产工艺 | | |
| 设计文化 | | |
| 搭配效果 | | |
| 对比比较 | | |
| 案例示范 | | |
| 服务保障 | | |
| 配件辅料 | | |
| 核心价值 | | |

一般详情页文案包含主视觉海报图、商品信息图、商品卖点图、商品功能图和商品品牌说明图等。

(1) 主视觉海报图

主视觉海报图是抓住用户眼球的关键,它需要清晰而准确地传达商品特点。一个成功的主视觉海报通常包含三个核心元素:商品的整体展示、品牌标识以及突出的卖点文案。海报的版式设计是这三个元素组合的艺术,它决定了信息的呈现方式和视觉效果。因此,在设计之初,需细致地将信息进行分类整理,并巧妙地利用海报的每一寸空间。同时,适当添加装饰元素和简明扼要的优惠信息,以提升整体吸引力。如图3-1-3所示,整个主视觉海报以厨房为背景,logo位于左上角,商品展示在左侧,而主卖点的文案则突出在右侧。海报上醒目的标语"一天一片 油污不见"不仅强调了商品的便捷使用,还凸显了其卓越的去污效果。

(2) 商品信息图

通常,详情页会在用户滚动浏览一至两屏后展示商品信息图,以便用户能迅速且清晰地了解商品信息。由于产品信息详尽,包括名称、规格、产地等核心要素,故采用直观的表格形式予以呈现。如图3-1-4所示。

图3-1-3 "心心相印"厨房用湿纸巾主视觉海报

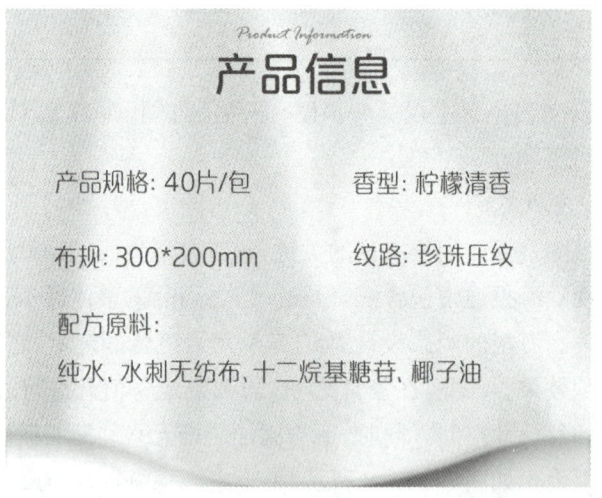

图3-1-4 "心心相印"厨房用湿纸巾商品信息图

(3) 商品卖点图

商品卖点图,亦称商品展示图或产品介绍图,着重展现商品的细节特征。通常,每个卖点都会配以相应的商品图片,以便对外直观展示。结构上一般会采用左图右文的布局,从上到下依次排列。如图3-1-5所示。

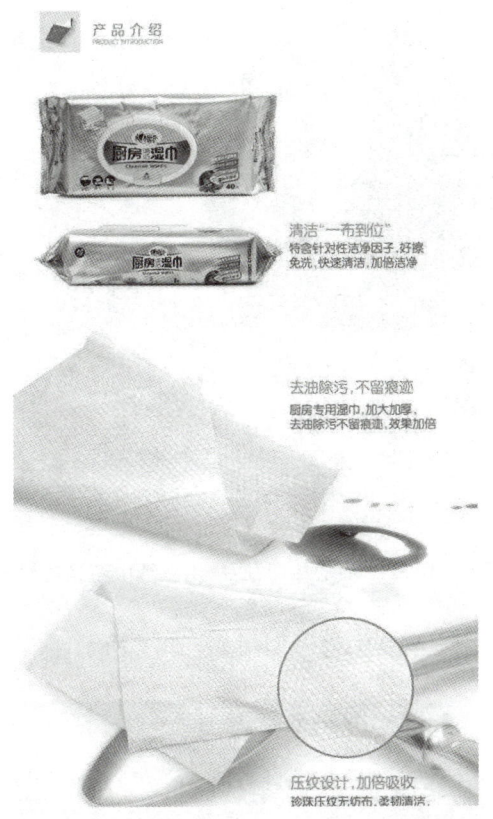

图3-1-5 "心心相印"厨房用湿纸巾商品卖点图

(4) 商品功能图

商品功能图可以从产品成分材料和使用功能或使用方法来介绍产品(图3-1-6),尤其是日用百货类、美容护肤类商品都会强调商品的天然植物成分,通过一些专业术语凸显商品的天然性和保真性。此外,创作者还可以通过对比展示和小贴士等方式,进一步突出产品的特点。对于目标用户而言,实用又经济实惠的商品无疑是具有吸引力的。同时,还可以展示相关系列产品,这样既可以促进销售,也可以方便用户购买。

(5) 商品品牌说明图

商品品牌说明图通过展示商品检测报告、物流仓储、生产车间等内容,增强用户的信心和消费意愿。同时,可添加品牌资质、公司简介及地址等信息,以增

图3-1-6 "心心相印"厨房用湿纸巾商品功能图

强产品正品保障,让用户购物无忧。如图3-1-7所示。

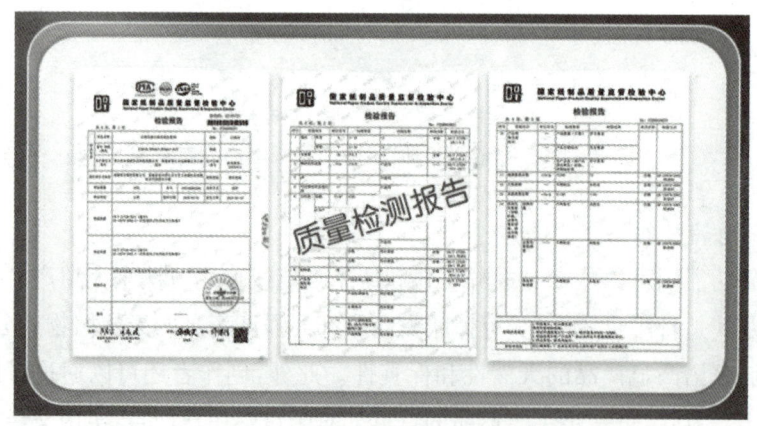

图3-1-7 "心心相印"厨房用湿纸巾商品品牌说明图

## 课后实训

某电商平台即将举行节日促销活动,请你为一款热销的智能扫地机器人撰写促销文案,要求强调促销活动的限时性、优惠力度和使用前后的对比,激发消费者的购买欲望,要求信息丰富、内容简洁。

### 课后思考

想一想,在电商平台文案写作中,如何深入挖掘产品卖点,打造独家卖点,使产品在同质化竞争中脱颖而出?请举例说明。

## 任务3　小红书文案的写作

### 任务描述

小红书是一个展示年轻人生活方式的平台。在小红书平台上,用户带着被"种草"的心态来探索和发现新产品。"内容种草"指的是那些能与年轻消费者同步沟通、被其接受并激发其互动的内容。其核心在于创造与年轻消费者共鸣的内容,潜移默化地影响他们的消费决策。通过本任务的学习,学习者将了解小红书文案的基本要求、特点,学会小红书文案的写作方法,并撰写适合发布在小红书平台的文案。

### 任务要点

#### 1. 小红书平台的受众与特点

（1）小红书平台的受众

小红书平台以其多元化的用户群体和细分化的受众需求而著称。年轻用户,尤其是90后和00后,构成了其主要的用户基础,他们追求时尚、注重生活品质,并对新鲜事物充满好奇心。

根据最新的小红书活跃用户研究报告,小红书的用户群体以年轻人为主,其中95后用户占比达到50%,00后用户占比为35%,这两个年龄段的用户占据了小红书用户群体的绝大部分,男女比例达到3∶7。

女性用户在平台上分享穿搭、美妆、家居和旅行等生活点滴,而男性用户则倾向于科技数码和体育竞技等内容。小红书平台的用户遍布全国,尤其集中在经济发达地区,一线城市用户占比合计近70%,这些地区的用户不仅生活品质较高,消费能力也相对较强,对时尚和生活品质有着较高的追求。

此外,小红书用户群体还表现出对个性化和差异化生活方式的追求,以及强烈的社交和互动性,他们通过分享和点评来建立社交圈子,并参与话题讨论。他们在消费时注重产品的实用性和性价比,乐于分享购物心得和省钱技巧。

(2)小红书平台的特点

小红书平台的主要特点是借助图文、短视频及直播等多元化形式,激励用户创作真实鲜活的内容,从而构筑了一个互动热烈、氛围浓厚的社区环境。同时,社交电商模式使用户得以直接在平台上选购心仪商品,加之精准的算法推送,依据用户兴趣定制个性化内容,进一步优化了用户体验。此外,小红书不仅囊括了全球化的购物指南与旅游资讯,还针对各地区用户贴心提供本土化内容与服务,全方位满足了用户对于真实信息获取、新事物探索、社交互动、购物决策辅助及个性化推荐的需求。根据小红书商业动态的数据,日均用户搜索渗透率达到60%用户生成(UGC)内容占比高达90%。

**2. 小红书文案的写作基本流程与注意事项**

小红书文案的撰写发布,即"种草",其风格多样,涵盖真实用户体验分享、网红及博主推荐、明星背书等多种形式。这种营销模式以用户口碑为基础,借助UGC实现自发传播。目前,其主要用户群体为年轻人,他们对美妆、时尚、健康等生活方式类产品高度关注。品牌可根据产品特性精准定位目标用户,制定相应营销策略。例如,创作高质量内容、与"意见领袖"合作、激发用户互动等。

小红书平台文案的曝光基于三种逻辑:关注、推荐以及搜索。小红书作为依靠算法分发流量的平台,针对一篇文案的撰写、发布到推送展现,系统会将这篇文案进行关键词拆解,对应相应的兴趣标签人群,最后做到内容的精准推送。并通过文案选题和标题与封面吸引用户点击浏览内容。它一般分为两大类。一类是从产品角度进行价值输出,另一类是从用户角度进行价值输出。显然,后者的"爆文率"通常高于前者,因为用户普遍更关注与自己兴趣和喜好相关的内容。

在写文案时,要遵循"七步理论",即:选题材、起标题、做封面、写内容、埋关键词、加话题和勤互动。

(1) 选题材

在撰写文案前,可以在从用户角度出发的文案中寻找用户关注的共性,并深入了解。比如,可选取半年内热度前 100 的文案,分析其标题与封面的关键词,并通过分析找出用户在讨论时最常提及的话题和对哪些词语更为敏感。一般出现频率最高的话题和词语,往往就是用户关注的共性内容,这些共性也被称为爆款文案的"共性词"。"共性词"既揭示了用户兴趣,又为创作者提供了宝贵的信息。创作者须识别利用"共性词",精准定位目标用户,创作符合其需求和兴趣的内容。这样的内容更有可能吸引用户的注意,提高"爆文率",从而有效提升产品"种草"的效果。创作者在撰写文案前,须围绕核心产品卖点、目标用户、种草场景,总结设定核心沟通点。(表 3-1-5)

表 3-1-5 小红书爆款文案设计表

| 核心目标人群 | | 标签 | |
|---|---|---|---|
| | | | |
| 核心产品 | | | |
| 核心卖点 | | | |
| 核心产品矩阵 TOP3 卖点 | | | |
| 适用场景 | 生活兴趣场景 | "与我有关"场景 | 刚需场景 |
| 不同场景内容设定 | | | |
| 核心沟通点(信任背书、情绪价值) | | | |

针对某款产品的核心卖点,"种草"活动必须精准影响特定的细分用户群体。例如,面对职场白领,可以进一步细分为职场新人和资深职场人士,同时考虑性别差异。对于预算有限或刚进入小红书的品牌来说,用户画像的细化尤为重要。在小红书平台上,有精准的用户画像分析的文案效果通常会更好。以母婴产品为例,可细分为新手妈妈与二胎妈妈,并考虑其所在城市、是否为全职妈妈及日常关注点等因素。

(2) 起标题

小红书标题建议为 16~18 字,最多 20 字,不少于 8 字,利于算法推荐及用户搜索。此外,小红书的文本编辑器不支持直接输入标准的打勾符号"✓",但可通过使用 Emoji 表情、复制粘贴或第三方输入法来实现。

(3) 做封面

小红书封面尺寸建议使用 3∶4 的比例(例如 1080×1440 像素),确保在手机上显示效果最佳。同时,封面要与内容主题紧密相关。比如,美妆教程的封面可以展示妆容效果。在色彩搭配中使用明亮、对比强烈的颜色,吸引眼球。文字不要过多,避免遮挡图片的重点部分。可以使用大号字体突出关键词。小红书文案封面设计如表 3-1-6 所示,封面案例如图 3-1-8 所示。

表 3-1-6　美妆教程封面设计

| 要素 | 封面设计思路 | 要求 |
| --- | --- | --- |
| 主题 | 日常妆容教程 | |
| 风格 | 清新、简约、时尚 | |
| 布局 | 粉色+白色为主,搭配少量金色点缀 | |
| 配色 | 图片占主导,文字简洁醒目 | |
| 背景图片 | 一张高清的妆容特写照片(例如:模特的脸部特写,突出眼妆和唇妆) | 图片风格清新自然,光线柔和,背景虚化 |
| 标题文字 | 主标题:"新手必看!5分钟搞定日常妆容!"<br>副标题:"超详细步骤,手残党也能学会!" | 字体:选择一款简洁时尚的字体(如:思源黑体、站酷字体)<br>文字颜色:白色,搭配粉色阴影或描边,增加立体感 |
| 装饰元素 | 在封面角落添加一些美妆相关的小图标(如:口红、粉刷、眼影盘等)<br>使用金色或亮色的小贴纸点缀,增加高级感 | 如果是个人品牌,可以在封面右下角添加一个小 logo 或水印 |

(4) 写内容

小红书文案的目标用户定位非常精准。因此在写文案时要深入了解目标用户的特征、兴趣和需求,为他们量身定制相关的内容。在内容长度上,小红书对文案的字数限制为 1000 字以内,推荐将内容控制在 600—800 字,以保持用户的阅读兴趣。若内容超出字数限制,可通过分章节发布或使用图片和图表来补充信息。内容吸引阅读的三要素分别为:创意标题引人入胜,精美视觉直击心灵,

图3-1-8 小红书文案封面案例

故事化叙述扣人心弦,三者合力,促使用户"驻目"阅读。小红书文案需要在内容中巧妙地融入产品的核心卖点和品牌价值,引导用户逐步深入了解产品,通过强调产品特性、展示用户评价、分享使用体验等方式,向用户传达产品的价值和优势。

不同用户群体对同一主题的关注点各不相同,需要根据目标用户的兴趣点来确定内容,吸引用户关注,并激发他们对产品或品牌的兴趣。例如,在撰写关于产品的笔记时,考虑到不同年龄段和背景的用户偏好不同,可以采用多样化的表达方式和视角来吸引他们。针对女性用户,可以聚焦其热衷的颜值提升、抗衰老秘诀,根据不同的季节及时推送对应季节的养颜攻略,精准触达其关注点。

颜值抗衰秘籍,四季养颜攻略

【春季养颜】

春日里,万物萌动,肌肤亦需迎来其"春醒"时刻。多饮水,品尝富含维生素C的鲜果,诸如橙子与莓果,它们富含天然的抗氧化剂,让肌肤焕发水润光泽。再搭配温和的护肤品,温和清洁,保湿打底,给皮肤注入活力。

春季过敏高发,敏感肌的宝子们要注意,护肤品选成分简单、无刺激的,出门记得戴口罩,远离花粉。

【夏季养颜】

夏天烈日炎炎,防晒是关键。根据专家建议,SPF30+的防晒霜可以有效阻挡紫外线,但并非越高越好。出门前半小时涂抹,每两小时补涂一次,以确保防晒效果。同时,物理防晒措施如遮阳伞、墨镜和防晒帽也是必不可少的,以全面保护皮肤免受紫外线伤害。

夏天出汗多,清洁要做好,但别过度,温和的氨基酸洁面,早晚各一次。晚上敷个补水面膜,给皮肤"解渴"。

【秋季养颜】

秋风起,干燥随之而来,肌肤易现缺水之态。此时,保湿精华与面霜须及时登场,牢牢锁住每一滴水分。同时,多饮水,品尝一碗银耳莲子羹,既润肺又滋养肌肤。

秋季皮肤代谢变慢,定期去角质,让皮肤呼吸顺畅,护肤品吸收更好。

【冬季养颜】

冬天寒冷干燥,皮肤容易紧绷。选择高滋润度的护肤品,厚涂乳液或面霜,为肌肤筑起保湿屏障。洗澡水温别太高,洗完马上涂身体乳,防止皮肤干燥。

冬季室内暖气充足时,应启用加湿器,维持室内适宜湿度,让肌肤告别紧绷感。

其中,可以根据不同主题插入配图,如图3-1-9所示。

(5) 埋关键词

埋关键词即将关键词融入文案开头第一句话,鉴于关键词搜索是网络搜索的主要方式,且关键词是连接文案主题与搜索意图的"桥梁",因此,合理添加关键词能显著提升文案曝光率。对于小红书文案来说,不仅可以在标题中添加关键词,也可以在开头添加关键词,这也是最常用的文案开头写作技巧。比如,某品牌面膜的主要特点是面膜成分天然,适合人体皮肤吸收。因此,这款面膜文案不仅要在标题中突出关键词"天然",而且要在文案的第一句话继续说明面膜成

图 3-1-9　配图参考

分天然的特性。

(6) 加话题

在小红书文案中添加话题可以增加曝光率。在文案中使用"♯"加话题名称,如"♯旅行攻略"。话题可以放在文案开头、结尾或中间,视内容而定。挑选合适话题的首要原则是确保其与内容紧密相关,唯有如此,方能精准吸引对内容感兴趣的用户群体。例如,如果你分享的是旅行攻略,选择"♯旅行攻略""♯自驾游"或"♯小众景点"等话题会更贴合主题,而不是使用与旅行无关的热门话题。其次,可适度兼顾话题热度,优选当前热门或搜索频次高的标签,诸如"♯周末去哪儿"及"♯假期出游",借此提升内容的可见度。但须警惕,切勿盲目追求热度而硬套与内容脱节的话题,此举或有损用户体验,乃至削弱账号公信力。最后,尽量选择一些细分领域的话题,比如"♯亲子旅行"或"♯背包客攻略",这样可以更精准地吸引目标受众,提高互动率。话题可以分为:通用话题,如"♯穿搭""♯美妆";品牌话题,如"♯某某品牌";活动话题,如"♯双十一购物";地点话题,如"♯上海美食";季节话题,如"♯秋季穿搭"。一般 3—5 个话题为宜,过多可能影响阅读体验。保持话题与内容相关,避免强行添加。可以自创独特话题,提高搜索精准度。总之,话题的选择既要贴合内容,又要兼顾热度和精准性,才能最大化地发挥内容的传播效果。

(7) 勤互动

优质内容应激发用户情绪,而非自我感动,关键在于为用户提供表达机会。用户参与表达的频率越高,笔记的价值就越高,越具有传播力。为达到以上目标,首先,须深入理解用户的关注点,并有针对性地提供有价值的内容,以增加用户的参与度和互动性。其次,依据用户活跃时间和偏好,选定最佳的推送时段,以提高内容的曝光率和阅读量。再次,还要根据内容的发布效果,结合数据分析,了解用户的喜好和反馈,进行内容的优化和调整,不断提升内容的质量和效果。

> **知识拓展**
>
> **色彩搭配在文案设计中的应用**
>
> **色彩的情感联想**
>
> 红色:红色通常代表热情、活力、紧迫感。在促销文案中可以适当使用红色来突出优惠信息或行动呼吁按钮。例如,"立即购买"按钮用红色,能够吸引用户的目光,激发他们的购买欲望。同时,红色也可以用于强调重要的警告信息,如"仅剩最后一天!"。
>
> 蓝色:蓝色给人一种冷静、专业、可靠的感觉。适用于科技产品、金融服务等文案。比如,一家银行的宣传文案可以以蓝色为主色调,让用户感受到银行的稳妥和值得信赖。
>
> 绿色:绿色象征着自然、健康、生机。在有机食品、环保产品的文案中,绿色是很好的主色调选择。例如,一款有机蔬菜的文案,背景可以是绿色的草地,文字颜色也可以采用绿色系,强化产品的健康属性。
>
> **色彩搭配原则**
>
> 互补色搭配:互补色是色轮上相对的颜色,如红色和绿色、蓝色和黄色。这种搭配能够产生强烈的视觉冲击,吸引眼球。但要注意控制色彩的比例,避免过于刺眼。例如,在一个运动品牌的海报文案中,红色的品牌标志搭配绿色的背景图案,能够让海报在众多广告中脱颖而出。

> 邻近色搭配：邻近色是色轮上相邻的颜色，如红色和橙色、蓝色和绿色。这种搭配比较和谐、自然，给人一种舒适的视觉感受。例如，在一篇旅游文案中，用蓝色和绿色来描绘大海和森林的美景，让用户在阅读文案的同时，也能感受到色彩带来的美感。

### 课后实训

在小红书上，真实性对于建立用户信任至关重要。请你思考如何通过文案写作展现内容的真实性，并举例说明。

### 课后思考

你觉得小红书平台成功的最主要原因是什么？

# 项目二 微信公众号文案写作

## 任务1 初识微信公众号

**任务描述**

微信的推出,已经成为社交网络发展史上的一个里程碑。微信不仅仅是一个通信工具,更是一个多功能平台,它深刻改变了人们的沟通方式和生活习惯。微信公众号是腾讯公司在微信基础上开发的功能模块,它不仅是一个内容发布平台,还是一个强大的营销工具。在创建和运营微信公众号时,了解公众号的基本内容、定位和取名技巧至关重要。此外,掌握如何查看和分析用户数据统计,如用户分析、图文分析、菜单分析等,对优化内容策略和提升用户互动具有重要作用。通过本任务的学习,学习者将了解什么是微信公众号及其分类、取名与菜单设置。

**任务要点**

### 1. 微信公众号

微信公众号,作为企业、媒体、政府等组织与用户进行直接沟通的桥梁,起初被称为"官号平台"或"媒体平台",现如今,其功能和影响力已远不止如此。企业可通过微信公众号申请账号,创建专属平台,用以发布信息、推广产品、提供服务,进而与用户建立更紧密的联系。

微信公众号分为三种类型:订阅号、服务号、企业微信。其中,按照认证与否,订阅号和服务号都存在认证和未认证的两种情况(表3-2-1)。订阅号适合内容发布和信息传播,服务号适合提供服务和用户交互,而企业微信则适合企业内部管理和沟通。各类公众号凭借各自特色及目标群体,发挥着不同功能,企业和个人需依据实际需求,选择适合的公众号类型进行运营。

表 3-2-1　认证与未认证的订阅号、服务号的区别(截至 2024 年 12 月)

| 类型 | 普通订阅号 | 微信认证订阅号 | 普通服务号 | 微信认证服务号 |
| --- | --- | --- | --- | --- |
| 适用人群 | 个人 | 偏向资讯发布 | 简单展示企业 | 需要交互功能企业 |
| 消息发送 | 1 条/天 | 1 条/天 | 4 条/月 | 4 条/月 |
| 群发消息显示区域 | 订阅号文件夹 | 订阅号文件夹 | 消息列表 | 消息列表 |
| 是否允许外链 | 否 | 是 | 是 | 是 |
| 微信支付 | 不支持 | 不支持 | 不支持 | 支持 |
| 高级开发 | 不支持 | 基本不支持 | 不支持 | 支持 |
| 审核费 | 免费 | 300 元/年 | 免费 | 300 元/年 |

(1) 订阅号

订阅号的核心在于传递信息与资讯,用户订阅后,每日可接收其推送的内容。订阅号每天可以群发一条消息,每条消息最多包含 8 篇文章。这些消息会显示在用户的"订阅号"文件夹中。经过微信认证的订阅号可以申请自定义菜单,这为公众号提供了更多的互动和导航选项。微信营销中,订阅号被广泛使用,企业和个人可以通过订阅号进行品牌建设、产品宣传、形象塑造,以及与用户的交流互动。

(2) 服务号

服务号专注于服务与交互,主要服务于企业或组织,如酒店、航空公司、银行及政府机构等。服务号以提供服务为主,只有企业或组织可以申请开通,个人无法申请。服务号开通后自带自定义菜单,方便用户直接访问常用服务。服务号每月可群发 4 条消息,每条含多篇文章,直接展示于用户的聊天列表,增强消息可见度与即时性。

(3) 企业微信

企业微信旨在助力企业、政府、学校、医院等单位,构建员工、合作伙伴及内部 IT 系统的连接桥梁。它能够有效简化管理流程,提高信息沟通和协同效率,最终提升服务及管理能力。企业微信的应用范围广泛,适用于内部通讯、员工培训、流程审批等多种场景。企业微信的开通和使用主要面向企业内部,有助于提升工作效率和团队协作。

### 2. 公众号取名技巧

公众号取名字的本质在于创建一个既能降低用户认知负担,又能便于传播的品牌标识。在取名字时首先要遵循以下 4 条基本原则。

**通俗易懂**。公众号名字应简洁明了,避免复杂术语,便于用户理解。一个好的公众号名字应该能够让用户迅速把握公众号的主题和内容方向,减少认知上的障碍。

**行业相关性**。名字需紧密关联公众号所属行业,便于用户联想内容类型,提升名字直观性和吸引力。

**易于记忆**。公众号名字应该简短、响亮、易于发音,用户在听到或看到一次后就能记住,降低记忆成本。

**乐于传播**。名字需具备传播性,便于用户轻松向他人介绍,从而增强口碑传播效应。

在营销策略中,公众号的命名应考虑目标用户的搜索习惯,选择与内容主题紧密相关的关键词。这样不仅能够提升公众号在微信搜索结果中的排名,还能吸引那些通过关键词搜索寻找相关内容的潜在关注者。

从品牌角度考虑,公众号名字需传递核心观念和价值观,体现定位和特色,便于用户感知。

从定位角度看,名字需反映公众号市场定位和品牌层次,如高端、专业或亲民、娱乐,便于用户识别。公众号名字还蕴含布局考量,既代表当前内容方向,也预示未来发展路径和品牌扩展计划。一个好的名字具有长期价值,能够随着品牌的成长而成长,适应不同的市场变化和业务拓展。一个精心挑选的名字能够为公众号的成功奠定坚实的基础。

表 3-2-2 罗列了一些公众号名称。

表 3-2-2 公众号分类及其代表

| 分类 | 示例 |
| --- | --- |
| 企业或产品有较高知名度 | 《人民日报》、央视新闻、南方周末、简书、豆瓣、知乎日报、外滩画报 |

(续表)

| 分类 | 示例 |
| --- | --- |
| 红人和大 V 网名 | 同道大叔、顾爷、李子柒等 |
| 地名和特色 | 上海发布、最爱大北京、深圳潮生活、吃喝玩乐 IN 广州 |
| 名字即领域 | 视觉志、毒舌电影、每天一首好歌、玩车教授 |
| 网名＋内容 | 逻辑思维、吴晓波频道、秋叶 PPT、简七理财、黄小厨 |
| 名字即社群 | 颠覆式创新研习社、十点读书会、我们都是文艺青年、不正常人类研究中心 |
| 名字即场景 | 二更食堂、小道消息、新世相、乌云装扮者、公路商店 |

在为公众号取名时，应确保名字合法、简短、易记、符合产品特性，并能引发正面联想。在确定备选名字后，需在微信中搜索以避免与现有公众号重名或过于相似，尽量使用差异化和独一无二的命名，以增强品牌的辨识度。同时，应严禁恶意抢注他人商标、企业名称或产品名称的行为，并规避任何可能引发版权争议、文化禁忌或不良寓意的命名，以确保品牌形象的正面塑造并严格遵守法律法规。

### 3. 公众号自定义设置及发布时间

设计微信公众号自定义菜单时，须确保菜单项简洁直观、以用户为中心，并凸显核心功能或内容。菜单应分层分类以便于导航，同时应保持与品牌形象的一致性。此外，须定期更新菜单内容以保持其时效性，并运用数据分析手段优化菜单布局，从而提升用户点击率。此外，进行用户测试和收集反馈对于提升菜单

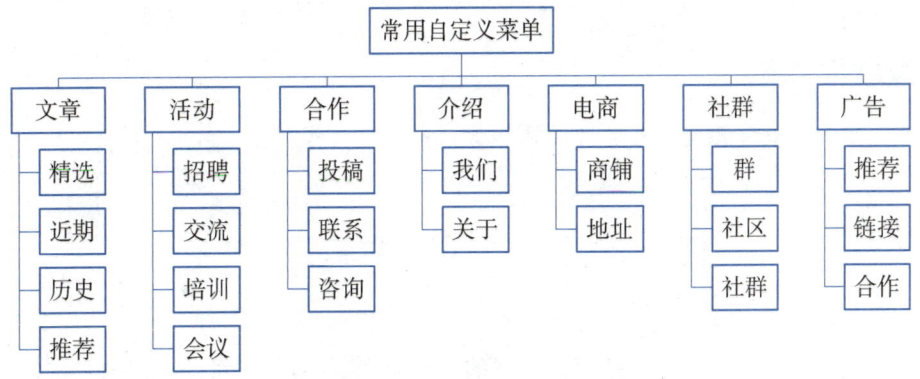

图 3-2-1　微信公众号自定义菜单设置

的用户体验至关重要。最终目标是让用户能够快速、轻松地找到感兴趣的信息或服务,从而增强用户互动和满意度(图3-2-1)。

当用户首次关注某个公众号时,被添加后的自动回复是建立联系和传达价值主张的一次关键机会。设置公众号被添加后的回复应该注意以下几点:

**明确价值主张。** 开始回复时,简洁明了地介绍公众号的定位、受众、规模。例如:"您好!欢迎来到×××(公众号名称),您的生活美学指南。"接着,概述您的用户和规模,让用户知道他们加入的是一个有共同兴趣的社区。例如:"我们是一个拥有10万+粉丝的生活爱好者社区。"

**展示公众号能够提供的价值。** 描述公众号能为用户提供的价值,包括用户分类、多元互动和满足个性化需求。例如:"在这里,您可以按兴趣(美食、旅行、时尚)分类浏览内容,参与讨论,享受专属优惠。"

**引导互动回复关键词。** 鼓励用户通过自定义菜单探索更多内容,如点击"探索"菜单,或直接回复关键词"美食""旅行"来获取文章。

若条件允许,可以提供个性化的欢迎信息,如"若您对××(用户兴趣)感兴趣,我们为您精选了相关文章"。同时,应确保回复内容遵守相关法律法规,不包含任何违规信息。并且保持内容更新和活动变化,定期更新自动回复,保持信息的新鲜感和相关性。

### 📝 课后实训

你有没有运营过微信公众号?如果有,请结合你的运营经历,谈一谈微信公众号如何才能运营得更好?如果没有,请以你认为比较好的微信公众号为例,分析一下它好在什么地方,哪些地方值得借鉴。

### ❓ 课后思考

你认为微信公众号在品牌传播和营销中有什么作用?

## 任务2 微信公众号文案的写作

微信公众号文案属于新媒体文案的一种类别,其写作的策略、方法以及技巧均与新媒体文案基本相同。微信拥有庞大的用户群体,其文案在信息传播与品牌塑造等方面起着举足轻重的作用。在信息传播层面,微信文案能够以简洁明了的方式将各类信息传递给用户。优质的微信文案能够瞬间抓住用户的注意力,使他们在碎片化的时间里迅速获取关键信息。例如,一则活动通知文案,倘若标题富有吸引力、内容简洁明了,便能够迅速引发用户的关注,进而提高活动的参与度。

在进行微信公众号文案写作时,需要掌握一些技巧和方法,以便更好地激发用户的兴趣,吸引用户的关注。

## 1. 微信公众号文案写作的定位

微信公众号文案是一种在微信公众平台上发布的文案,旨在通过内容吸引用户、传递信息、实现营销目标。公众号文案的主要特点首先是针对性强,其内容要根据目标用户的兴趣和需求来定制,确保精准触达用户。一个出色的公众号,如同磁石,不仅牢牢吸引用户的目光,更在他们心中镌刻下深刻印记,为品牌的长远发展奠定坚实基础。其次,微信公众号写作须注重语言的亲和力,以贴近生活的语言风格,搭建起与用户之间的情感桥梁,从而优化阅读体验。再次,微信公众号的内容必须有价值,微信公众号运营成功的核心就是明确公众号的定位以及对用户的意义。无论是品牌、产品还是服务,清晰的定位都是必不可少的。对于公众号而言,定位就是回答用户"我为什么要关注你?"这个问题。用户的"为什么"直接决定了公众号的定位方向。

(1) 微信公众号文案的定位

为了增强公众号的市场竞争力和影响力,运营者必须深入分析目标用户,明确公众号的核心定位,并保持品牌风格的一致性,从而找准并优化公众号的定位。只有在定位准确的前提下,才能明确用户通过公众号想要实现的目标,并据此制定相应的文案内容和策略。可从品牌推广、内容引导、客户服务、产品推广等维度入手,确定公众号定位。品牌推广即利用公众号提升品牌知名度与形象,增强用户认同感。内容引导即发布高质量内容,引导用户持续关注,建立良好的用户关系。客户服务是指通过公众号提供优质的客户服务,增强用户黏性和满意度。产品推广是指直接通过公众号进行产品的推广和销售,提高转化率。

(2) 核心用户群的定位

微信公众号的本质并非单纯的广告、促销或概念传播,而是深入研究和解决用户需求，以用户为中心来创造内容。制作内容前，需深入了解用户，洞察需求并予以满足，整合企业资源，以最优方式服务用户。

公众号的成功始于核心用户群定位，其中，确保内容与用户需求匹配是关键，涵盖了解、洞察及满足用户的全过程。了解用户是指深入挖掘用户的需求、兴趣和偏好。洞察用户是指分析用户行为，预测趋势和潜在需求，以便及时调整内容策略。满足用户是指创造和提供能够有效满足用户需求的内容和服务。精准分析用户需求，助力企业精确定位公众号，高效沟通目标用户，达成品牌传播、销售增长及服务优化的目标。公众号的定位不仅是一个起点，更是一个持续的过程，需要根据市场变化和用户反馈不断进行调整和优化。

## 核心用户定位九宫格法

在做用户定位时，将用户和主题标签化，利用九宫格法来进行发散，比如用户是女生，主题是美食，利用九宫格法进行排列组合，就会发现很多垂直细分领域的机会。

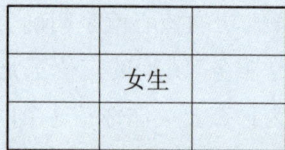
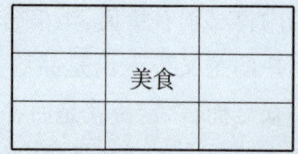

在进行核心用户群定位时，首先需要通过用户画像来识别和分析目标用户群的特征，如年龄、爱好、教育程度等，以便于在线上营销环境中快速找到他们。接着，通过用户喜好度和竞品分析象限，可以进一步细化目标用户群的分类和数量，并分析竞品覆盖的用户群范围，从而实现精准定位（图3-2-2）。

有效运营微信公众号，需要清晰地识别并理解所面对的用户群体。这涉及主动接触用户，深入探究其特征、行为习惯及核心需求。

在微信公众平台上，企业可以通过多种方式展示内容，主要包括文本、图片、视频、语音消息、H5页面等。须根据特定内容及目标受众需求，灵活选用合适的形式，以提升用户体验及增强互动性。选择最合适的形式需要考虑几个因素，包括各种形式的优缺点、文案内容的适配性、公众的阅读习惯和需求等。通过综

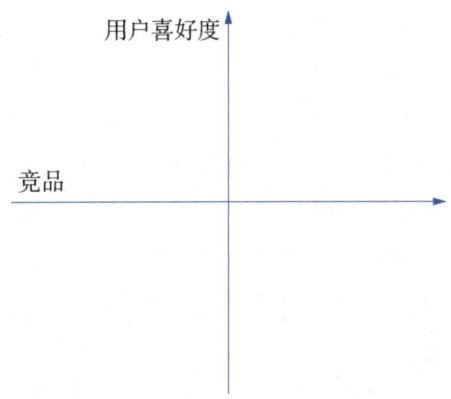

图 3-2-2 用户喜好度和竞品分析象限

合考虑这些因素,创作者可以制订出更有效的内容策略,以满足目标用户的需求,提升用户参与度,从而实现公众号的运营目标。

**掌握各种形式的优缺点。**每种形式均具有独特优势及局限。例如,文本适合传递详细信息,图片和视频则更利于吸引注意力和情感共鸣。

**文案内容的适配性。**不同内容需匹配适宜的展示形式。例如,产品推广可能更适合使用图片来展示产品特点,而活动文案可能更适合用文本来详细说明活动规则。

**公众的阅读习惯和需求。**通过前期调研,了解公众的阅读习惯和偏好,例如,高校共青团微信公众平台用户倾向于在工作或学习闲暇时阅读,健康类公众号用户偏好在家中阅读,这将有助于选择公众偏好的内容形式,从而提高内容的吸引力和用户参与度。

公众号文案的核心在于内容价值与用户需求的结合。凭借精准的用户定位、情感充沛的表达、精心优化的视觉设计及高效的互动策略,文案的吸引力与传播效能将显著提升。无论是故事型文案还是知识传播型文案,都需要逻辑清晰、语言亲和,并结合热点话题与用户痛点,才能实现更好的传播效果。

2. 微信公众号文案写作基本流程与注意事项

(1) 微信公众号文案标题写作

标题是一篇公众号文案的"敲门砖",一个好的标题能够吸引用户的注意力,激发用户的阅读兴趣。在注意力稀缺的时代,标题的重要性不言而喻。80%用户会在阅读完标题后决定是否打开文章继续阅读。

① 公众号文案标题的常见类型

**直接型标题。**可直接明了地阐述文章主旨或核心观点。例如,一篇关于科技新品的文章,标题可以是"××(科技新品名称)震撼登场,引领未来科技潮流",直接突出重点关键词"科技新品"。再如:"气候变化对农业的影响"。

**疑问型标题。**通过提问的方式拉近与用户的距离,营造亲切感。从客户的"利益、痛点"出发,配合提问的方式,可以轻松写出一个好标题。例如:"为什么我们需要关注心理健康?"

**数字型标题。**以直观的数字吸引用户眼球,强化标题吸引力,使内容一目了然。例如:"5种提高工作效率的方法。"使用户迅速把握文章主旨,同时提升标题的吸引力。

**故事型标题。**借由叙述故事或描绘场景吸引用户,激发其好奇心与情感共鸣。例如:"外卖小哥雨夜消失的第七天,监控拍到了。"

**对比型标题。**用户更加直观地了解文案的内容,展示两个相对立的观点或情况,增强标题的吸引力。如"传统教育与在线教育:哪个更有效?"。

**悬念型标题。**激发用户的好奇心,让他们想要了解更多的内容。创建一种期待感,让用户想要点击了解更多。例如:"这个简单的习惯竟然能改变你的生活。"

**趋势型标题。**常常与当前的热点事件或流行话题相结合,直接触及人们对未来趋势的关注和好奇心,以此来吸引用户的注意力。例如:"2026年最值得关注的科技趋势"。在特定条件下,提供信息的标题,可以吸引那些寻求即时信息的用户。

② 公众号文案标题的创意技巧

**引发好奇心。**好的文案标题要激发用户的好奇心,并且帮助用户理解文中的观点。创造信息缺口,让用户感到好奇,想要了解更多。例如,要制造悬念,如:"这个小习惯,竟然改变了他的一生!"通过设置如磁石般的悬念,像钩子一样紧紧钩住用户的好奇心,使他们迫不及待地想要揭开这个小习惯的神秘面纱。另外,还可提出疑问"为什么成功人士都有这个习惯?"引发用户对成功人士习惯的好奇,启发其思考自己是否也应该养成这个习惯。

**价值具象化。**通过具体数字和明确的行动指南,如"10个让你瞬间变美的小技巧!"可以有效地具象化个人魅力提升的方法,让用户一目了然。数据可以给用户更直观、更量化地感受。再如:"从月薪3000到月薪30000,他是怎么做到的?"通过数字的对比,展示巨大的变化,吸引用户了解成功的方法。

**运用情感**。要从用户立场下笔,深入用户的内心世界,站在他们的肩膀上眺望,用同理心搭建起情感的桥梁,引发双方内心深处的共鸣。例如:"那些年,我们一起追过的梦想!"唤起用户对过去梦想的回忆,产生情感共鸣。拟定的标题中最好要让用户能直观感受到阅读这个故事的强烈欲望。

**结合热点**。网络热搜天天有,作为文案人要做好随时"蹭热点"的准备。例如:"×××背后的真相,你知道吗?"利用热门事件和节日热点,吸引用户深入了解背后的故事。例如:"情人节,送什么礼物最能打动她的心?"在情人节这个特殊的日子,为用户提供送礼物的建议。

**适度夸张**。适度夸张能吸引用户眼球,同步融合故事、幽默元素等可增强情感共鸣。例如:"这个产品好用到哭!"通过夸张的表达,让用户对产品产生强烈的好奇心。例如:"我攒钱10年,买不起1个厕所!"用适度夸张的方式,让标题更加生动,吸引用户阅读。

③ 撰写公众号文案标题的注意事项

撰写公众号文案标题时,应该做到精准定位,确保标题与内容紧密相关,避免误导。标题需简洁有力,确保在有限字数内传达核心信息。创新表达需遵守规则,不越界,同时符合平台规范,确保合规性。

**准确性**。标题应准确反映文案的主题和内容,避免误导用户。例如,如果文案是关于时间管理的技巧,标题不应承诺不切实际的结果,如"24小时内让你暴富"。微信公众号的标题字数限制为64个字符,撰写时应确保标题与文章内容保持一致性,避免过长或误导性标题,以免影响用户体验,造成用户流失。

**简洁精炼**。标题需简洁精炼,确保在有限字数内精准传达主旨。避免冗长和复杂的句式,让用户一目了然。过长的标题可能会导致用户在阅读标题后失去阅读正文的兴趣。

**吸引力**。标题应具有吸引力,能够激发用户的好奇心和兴趣。可使用动词、形容词或数字来增加吸引力。例如:"被裁员当天,我投了17份简历,最后这家给我发了offer。"

**抵制标题党行为。** 切勿利用夸大其词或误导性标题博取点击,以免损害公众号公信力。例如,避免使用"第一""全网最好"等过度夸张的词汇。更要注意避免使用可能违反社会伦理道德的标题。微信公众号平台会对于发送低俗、虚假标题和内容的公众号、文章进行删除并实施相应的处罚,重则封号。

(2) 公众号文案正文写作

① 正文类型

公众号文案正文类型可根据内容主题、目的、受众、风格、形式、互动性、信息量、时效性、布局、语言风格、情感诉求、篇幅、原创性、多媒体及发布频率等维度划分。分类方法既可单独使用,也可结合使用,以精确定位文案类型,制定符合用户需求和策略的文案,提升吸引力和传播效果。每种类型的文案都有其特定的写作风格和技巧,选择合适的类型可以更好地吸引目标用户,实现文案的创作目的。

**故事型。** 故事型文案通过讲述一个引人入胜的故事来传达信息或观点。故事可以是真实的个人经历、他人的案例或者虚构的情节。故事型文案是通过讲故事的方式吸引公众关注,常采用叙述的手法。容易引起用户的情感共鸣,增强用户的代入感。能够生动地展现主题,使用户更容易理解和接受。例如,一篇关于创业的公众号文章,可以讲述一位创业者从无到有、历经困难最终成功的故事,以此激励其他创业者。标题可以是"从零起步,破茧成蝶:一位创业者的逆袭之路"。

**教程型。** 教程型文案又叫作干货型文案,这一类文案主要以提供实用的知识、技巧、方法为主要内容。具有实用价值的文案能够促使公众主动收藏并自发转发,从而有效吸引并维持公众对该账号的长期关注。为用户提供价值,满足用户学习需求的文案内容更容易被用户收藏和分享,有更高的传播度。例如,一篇专注于摄影技巧的文章,会详尽阐述如何捕捉美丽的风景照片,涵盖构图法则、光线运用策略及拍摄角度选择等关键技巧。标题可以是"风景摄影秘籍:解锁构图、光线与角度的魔法,拍出绝美大片"。

**观点型。** 观点型文案主要表达作者对某个问题或事件的看法和观点,通常具有较强的思想性和批判性,个人特色比较浓厚,涵盖内容广泛。这类文案往往能够激发用户的深度思考,促进用户间的热烈讨论与积极互动。例如"热点背后:深度解读与犀利观点,带你洞察真相"。

**产品推广型。**产品推广文案主要目的是给产品或服务做广告,强调产品特点和用户利益。产品推广又分为软广和硬广两种,硬广是纯粹介绍产品或者优惠信息的,商业目的明显。软广则侧重于将产品融入教程、故事或观点中,使用户在潜移默化中了解产品的独特内涵,并在文章结尾处巧妙地点明广告意图。

**资讯型。**资讯型文案一般会紧跟社会热点、时事新闻、娱乐动态等话题。内容要紧跟热点,快速解读,吸引关注者。

② 正文框架搭建

公众号文案需简练突出主题,背景简洁,信息直达,知识普及通俗易懂。写作前明确框架,常用结构有总一分一总、并列式、问答式、递进式等。

**总一分一总结构。**适用于需要清晰展示主题和主要观点的软文。开头提出核心观点,中间部分详细阐述,结尾总结并升华主题。适合于科普、论述性等文案。

**并列式结构。**适用于可以从多个角度、多个维度进行专题探讨的文案。每个部分都是独立的,共同构成对主题的全面描述。适合于介绍性、指南类等文案。

**递进式结构。**适用于需要按照逻辑层次递进的文案。从表面现象逐步深入到本质,从简单到复杂。适合于分析性、教程类等文案。

**问答式结构。**适用于直接解决用户疑问的文案。以问题为线索,逐一解答,针对性强,互动感强。适合于FAQ、指南类等文案。

③ 文案开头

一篇好的文案离不开好的开头。开头须直击要害,迅速揭示文案主旨,引导用户深入了解产品特色或服务优势,进而激发其购买意愿。常见的公众号文案开头可以采用故事导入式、情景导入式、热点关联式、引用式、开门见山式等方式。

**故事导入式。**开头通过讲述一个相关的故事来吸引用户。故事可以是真实的或虚构的,但必须与主题紧密相关,用于激发用户的情感共鸣和好奇心。

> **一杯咖啡改变的人生**
> 在繁华的都市街头,有一位名叫小李的年轻人。每天清晨,他都会准时走进那家熟悉的咖啡店,点上一杯拿铁,然后找个靠窗的位置坐下,开始一天的工作。有一天,当他像往常一样享受着咖啡时,一位陌生人坐在了他的旁边。陌生人注意到了小李对咖啡的热爱,便与他聊了起来。在交谈中,小李得知这位陌生人是一位资深的咖啡品鉴师,他向小李分享了许多关于咖啡的知识和故事。从那以后,小李对咖啡有了全新的认识,他开始研究咖啡的烘焙、冲泡技巧,并且逐渐萌生了自己开一家咖啡店的想法。经过几年的努力,小李的咖啡店终于开业了,他的咖啡因其独特的风味和高品质受到了顾客的喜爱。今天,就让我们一起走进小李的咖啡世界,了解他的故事,也感受一杯咖啡所能带来的无限可能。

**情景导入式。**开头通过细腻的场景创设氛围感染用户,让用户产生身临其境的感觉,适用于旅游、生活方式等需要营造氛围的文章。

> **逃离喧嚣,邂逅静谧之旅**
> 当第一缕阳光穿过茂密的树叶,洒在柔软的草地上,鸟儿清脆的歌声在耳边响起时,你漫步在蜿蜒的小径上,两旁是五彩斑斓的野花,空气中弥漫着淡淡的花香。微风拂过,带来一丝清凉,仿佛能吹走所有的烦恼和疲惫。远处,连绵起伏的山峦若隐若现,仿佛一幅美丽的画卷在眼前展开。在这里,没有城市的喧嚣,没有工作的压力,只有大自然的宁静与美好。你深深地吸了一口气,感受着这份难得的惬意。

**热点关联式。**开头用当前热点话题或事件来吸引用户,适用于那些能够借助热点事件增加关注度的文章。

> **从"她力量"看女性专属运动装备**
>
> 近日,"她力量"成为社会热议的焦点。在各个领域,女性都展现出了惊人的力量和坚韧。从职场上的锐意进取到生活中的独立自主,女性们正以独特的方式描绘着人生的绚丽画卷。而在运动领域,这股力量同样不可小觑。越来越多的女性积极投身于健身运动,她们在赛场上奋力拼搏,不断挑战自我极限,成为一道令人瞩目的亮丽风景。然而,很多女性在运动过程中却发现,市面上的运动装备往往难以满足她们的需求。常见的问题包括尺码不合适或功能不够贴心。今天,我们就来关注女性在运动中的需求,为大家推荐一系列专为女性设计的运动装备。我们的产品精心融合了女性的身体特性与运动需求,采用舒适亲肤的面料,结合人性化的剪裁设计,不仅提供专业级的支撑保护,更兼具时尚外观,每一处细节都透露出对女性的细致关怀与尊重。它让你在运动中,不仅能展现"她力量",还能享受到舒适的运动体验,尽情释放自己的活力与魅力。

**引用式**。开头可以引用名人名言或者数据报告来吸引用户,提高公众号平台文章的可读性,更好地凸显主旨和情感,适用于需要强调问题紧迫性或增强文章可信度的文章。

> **"时间就是金钱",高效办公神器来助力**
>
> "时间就是金钱,效率就是生命。"这句经典的名言,在当今快节奏的工作环境中,更是得到了淋漓尽致的体现。工作中,我们常遭遇文件堆积、资料难寻;会议连连、效率低下;任务繁重、时间难调等困境。这些问题严重拖累了我们的工作效率与质量。今天,我们要为大家介绍一款高效办公神器——"××××"。它凭借先进的技术,助你迅速整理文件、智能安排会议、合理规划任务,节省更多的时间和精力,提高工作效率,助力实现"时间就是金钱",在职场上如鱼得水,轻松应对各种挑战。

**开门见山式**。开头直接讨论主题,并带出产品。它可以在最短时间内锚定用户,对于刚需用户非常有益。

> **2月28日前下单,立省300元!**
> 您正在寻找高性价比的全屋智能解决方案吗?3月1日起全线产品即将调价,现在下单可锁定全年最低价!点击领取专属优惠码。

④ 正文文案写作注意事项

公众号正文文案写作,须注意以下6点。

**明确主题和目标**。写作前需先明确文案的核心主题,确保其既具体又清晰。同时,要确立明确的创作目标,因为不同的目标将直接影响文案的风格与侧重点。一般创作目标包括吸引用户关注、增加产品销量、传播知识或者其他。

**内容价值**。创作者应确保文案内容既实用又有价值,紧密贴合用户需求,对用户有益且能切实解决其问题。并提出独特的视角或观点,使文案在众多相似话题中脱颖而出。

**逻辑清晰**。写作时注意通过合理的分段与小标题来精心组织内容,确保文章结构一目了然。同时,保证内容间的逻辑严密,无论是因果关系、递进关系还是并列关系,都要让用户能够顺畅地理解。例如,在讲述减肥方法时,可以将饮食控制、运动锻炼、生活习惯等方面按重要程度高低或操作顺序先后依次阐述。

**语言风格**。根据公众号的用户和定位选择合适的语言风格。如果是面向专业人士的行业公众号,语言要严谨、专业;如果是生活娱乐类公众号,语言可以轻松、活泼。例如:科技类公众号介绍新技术时,会使用专业术语和规范的表达方式;而美食类公众号描述美食口感时,可以用"入口即化""味蕾的狂欢"等富有感染力的词汇。要保持文章的可读性,须注意避免使用过于复杂或生僻的词汇和句子。

**增加互动性**。文案中可利用提问和引导技巧增强用户互动,提升公众号活跃度。融入生动案例和故事,以激发用户共鸣与代入感。

**增加视觉元素**。在文案中添加视觉元素,如图片、图表、视频等,辅助用户理解内容并增强内容的吸引力。例如,在介绍旅游景点时,可以插入景点的高清图片;在讲解数据分析时,可以用图表来直观呈现数据。

### 3. 公众号文案的排版

公众号文案的美化排版是提升用户留存率的重要措施，好的排版不仅可以提升用户的体验，增加文案的可读性，还可以形成个性化的风格，使微信公众号从外在形态上与其他公众号区分开来。文案的排版需借助排版工具来实现。

（1）排版工具

微信公众号的编辑器可以进行简单的内容排版，使用第三方排版工具可以进行个性化、复杂化的内容排版。常见的排版工具包括秀米、i 排版、135 编辑器等。创作者可以根据需求自行选择。

> **秀米编辑器**
>
> 秀米编辑器是相对来说容易上手的微信公众号编辑器，它的界面清楚，推荐新手入门使用。秀米不仅可以满足新手的需求，而且可以进行自由编写，满足更多设计需求。

（2）排版规范

**字号**。微信公众号页面字号应依据用户阅读体验进行合理设置。标题一般是 18px 至 20px，标题在手机屏幕上显示时每行 13 至 16 个字，1 至 2 行为佳；标题不要超过 64 个字节，否则转发时不能完整显示；标题用阿拉伯数字代替中文数字。正文建议使用 14px 至 16px 的字体，其中 15px 为最佳选择。标注部分则可采用 10px 至 12px 的字体。具体来说，14px 的字体适合文艺类、情感类等风格的文章，而 16px 的字体则显得偏大，可能在视觉上不够精致。

**字体颜色**。微信公众号编辑器中的文字颜色默认是黑色。正文颜色不建议用纯黑。排版主色通常与品牌色一致。正文全部颜色最好不要超过三种。

**间距**。字间距方面，建议设置为 1px 或 1.5px，最大不应超过 2px，以确保文字阅读的舒适度。段间距则通常用回车空行代替，建议空一行，以增强文章的可读性。此外，段落长度不宜过长，最好不要超过一屏，以便于用户快速浏览和理解。

**边距**。边距指的是软文和屏幕之间的距离。在两侧有适当的留白，显得不拥挤，视线移动范围减少，读起来更轻松。通常，可以采用编辑器中"两端缩进"

的功能进行设置，设置值为1。

**字数。**保持文案内容简洁，字数控制在600至800字之间，以适应社交平台上的碎片式阅读习惯。每个段落的行数控制在5至7行，避免过长的段落，以提高文章的可读性。

**图片。**使用与文案内容相关的高清图片可以提高文案的吸引力和阅读兴趣。图文并茂的文案更加醒目且富有吸引力。建议使用同色系插图，确保版权无问题，并符合文章的调性。例如，餐饮行业的文案，可以采用文字与精美食物图片相结合的方式，吸引用户对食物的关注，进而刺激消费。单张图片大小不得超过5M，静态图片统一尺寸比例，建议使用16∶9或4∶3。

微信用户基数非常庞大，微信公众平台的影响力巨大。想要构建一个出色的微信公众号，关键在于文案。公众号管理者需要不断更新思路，以适应用户需求变化，同时应精通文案技巧，围绕用户创作既有情感吸引力又具实用价值的内容。

### 课后实训

综合运用所学的知识，创建并运营一个微信公众号。完成微信公众号的定位、取名、自定义设置等基本操作。并运用所学知识撰写并发布一篇微信公众号文案。

### 课后思考

在撰写微信公众号文案时，你是如何将图表、图片、视频等元素与文案有效结合，以提升用户的阅读体验和信息的传递效果？

# 模块四　短视频平台文案写作

随着移动互联网和智能手机的普及，短视频平台迅速崛起，吸引了全球数十亿用户。短视频是指在各类新媒体平台上播放、适合用户在移动端观看的视频内容，时长在几秒至几分钟不等。它的主要特点是短小精悍、直观明了、信息量丰富。与传统的图文形式相比，短视频能为用户带来更优的感官体验。打造成功的短视频，文案在其中发挥重要作用。本模块主要包括短视频文案写作和直播文案写作两个项目，学习者通过本模块的学习将了解短视频平台文案的特点、作用及写作方法，进而学会撰写短视频文案。

## 学习目标

1. 了解短视频标题的作用、特点以及写作方法。
2. 掌握将营销点融入短视频文案的方法。
3. 了解直播和直播文案的特点。
4. 掌握直播文案的写作策略和写作要求。
5. 学会独立创作短视频文案和直播文案。

# 项目一　短视频文案写作

## 任务1　认识短视频平台及文案

> **任务描述**
>
> 短视频平台是一种基于互联网技术，以短视频内容为核心，为用户提供创作、上传、分享、观看、互动等多种功能的在线服务平台。短视频文案则是指为短视频内容创作服务的文字表达形式，通过标题、字幕、配音或旁白、评论等载体，对视频主题、情节、情感或价值主张进行提炼与强化的文本系统。本任务旨在帮助学习者了解短视频平台功能、内容生产分发及文案写作方法，学会结合平台特点来创作文案。

### 任务要点

#### 1. 短视频平台

短视频平台是以移动互联网技术为基础，围绕"短视频内容"构建的数字化交互空间，核心是通过算法驱动的内容分发，连接内容创作者、用户与商业主体，满足用户碎片化娱乐、信息获取、社交互动及商业转化的需求。其本质是"内容＋社交＋算法"的融合体。相比传统图文，短视频短小精悍，直观且信息量大，可以提供更优的感官体验。目前，短视频行业的主流平台包括抖音、快手、微信视频号等（表4-1-1）。

表 4-1-1　常见的短视频平台及其特点

| 短视频平台 | 品牌标语 | 特点 |
| --- | --- | --- |
| 快手 | 拥抱每一种生活 | 通俗接地气,用户多为真实热爱分享的群体,生活类的内容偏多 |
| 抖音 | 记录美好生活 | 拥有广泛的用户群体,覆盖不同年龄层和兴趣爱好 |
| 微信视频号 | 记录真实生活 | 更注重社交传播和用户互动,内容类型多样,涵盖短视频、直播、长视频等形式 |

(1) 抖音

抖音隶属于北京字节跳动科技有限公司,于 2016 年 9 月上线。2022 年,抖音开启创作者激励计划,鼓励更多用户创作优质内容,随着智能时代的到来,抖音团队不断调整业务架构,维护平台高质量的内容生态,并成立了 AI 团队,以期利用 AI 技术创造增量业务价值。截至 2025 年 5 月,抖音日活用户超 6 亿。

(2) 快手

快手是北京快手科技有限公司旗下的短视频软件,其前身是 GIF 快手。GIF 快手曾是一款用于制作和分享 GIF 图片的手机应用,是短视频的雏形。2012 年 11 月,快手从纯粹的工具应用转型为短视频社区,定位为记录和分享用户生活的平台。快手主要服务于三四线城市及农村地区的用户,为他们搭建了一个展现自我的舞台,旨在鼓励用户勇敢表达,积极分享生活点滴。截至 2025 年 5 月,快手日活跃用户数为 4 亿。

(3) 微信视频号

2020 年 1 月,微信视频号开始内测。2020 年 10 月,视频号上线直播功能,开启直播购物车功能。微信视频号的推出标志着微信平台整合了社交公域流量,短视频传播方式拓展至朋友圈 + 微信群 + 个人微信号。截至 2025 年 5 月,微信视频号日活跃用户数为 5 亿。

**2. 短视频与短视频平台的基本特点**

我国的互联网发展经历了 PC 互联网、移动互联网两个关键的历史阶段,在不同的技术背景下涌现出了不同的新媒体形态。短视频平台作为全新媒体形态,在移动互联网时代,特别是 5G 通信普及后迅速崛起,深刻影响着数十亿人的工作、生活与学习。据中国互联网络信息中心 2025 年 1 月发布的第 55 次《中国互联网络发展状况统计报告》的数据显示,我国 2024 年的互联网网民人数为 11.08 亿,互联网普及率达到 78.6%。具体而言,短视频用户达 10.4 亿,占比 93.8%;微短剧用户 6.62 亿,占比 59.7%;网络直播用户 8.33 亿,占比 75.2%。

短视频平台主要依托用户自发生产的短视频内容,通过短视频形式向其他用户提供信息。因此短视频一般具有以下七个基本特点。

短:短视频时间较短,一般在 15 秒到 5 分钟之间,在最短的视频时长内,最有效地讲好故事,做好营销。

小:短视频话题一般不大,有聚焦,小而美,能够有情感、有价值观、有用户共鸣。

轻:短视频内容轻快明了,一般不是太沉重,能够给用户很好的代入感。

薄:短视频表达的内容非常简单,易于理解。

新:短视频吸引并留住用户的关键在于持续创新,追求新鲜感和独特性。

快:互联网时代热点瞬息万变,短视频须紧跟潮流,做到唯快不破,迅速捕捉并贴合热点话题。

碎:短视频内容契合用户碎片化时间,短小精悍,便于随时观看。

通常,在创作短视频时应该遵循以上特点,此外,还应注意,相较于传统互联网平台,短视频平台还具有链接产销的功能,对于创作者而言可以通过短视频平台将产品与销售相连接,如今各大短视频平台基本实现了边看边买的功能,在观看短视频时能够直接购买相关产品。围绕短视频而搭建的短视频平台功能有所拓展,这不仅有利于用户之间的互动交流,还为用户和产品之间搭建起了一个桥梁。在"人人都有麦克风"的互联网时代,短、小、轻、薄、新、快、碎的短视频能够更高效、更及时地将用户的声音和信息传递出去。同时,短视频平台兼具以下五个功能:提供多样化的新闻短视频内容,满足不同受众的需求;通过互动性和分享性,增强用户参与度;利用个性化推荐算法,提高内容投放效率;通过用户行为和平台推荐,扩大信息的传播范围;以及通过数据统计与分析,优化内容创作方式和传播策略。

此外,短视频平台在近几年的发展中不断拓展,对海外传播。例如,抖音海外版 TikTok 在美国用户数超过 600 万,而快手海外版 Kwai 在巴西市场表现尤为突出,月活跃用户突破 6000 万,覆盖 30% 的巴西人口。短视频平台在努力扩展海外市场的同时,还担负起了文化传播的使命,生动直观、新颖易懂的短视频作品突破了语言的局限性,更具跨文化的传播力。

### 课后实训

选取一个短视频平台,完成账号的注册和基本信息的填写,并发布第一个短视频。

### 课后思考

你觉得短视频对你的生活和学习有什么影响?

## 任务 2　短视频文案写作技巧

### 任务描述

短视频文案是短视频的重要信息载体,往往能够起到画龙点睛、升华主题以及传达言外之意的重要作用。特别是短视频的标题,往往能够高度凝练视频内容,会给用户留下第一印象。优质的标题不仅可以吸引用户深入阅读,更是提升搜索推广效果的关键要素。通过本任务的学习,学习者将深入了解短视频文案的特点,熟悉短视频文案脚本的设计流程,并掌握短视频标题及内容的策划与创作技巧。

### 任务要点

短视频文案写作是一个涉及创意策划、故事叙述、视觉呈现等多方面内容的复杂而细致的工作(图4-1-1)。短视频平台的文案创作与图文类新媒体平台的文案创作不同,它更侧重于视频内容的详细规划和指导。一般而言,在编写短视频脚本之前,须确定整体的内容思路与流程。在明确目标用户的基本特征后,为了提升创作效率,我们可以设计脚本模板,实现规模化的写作流程。

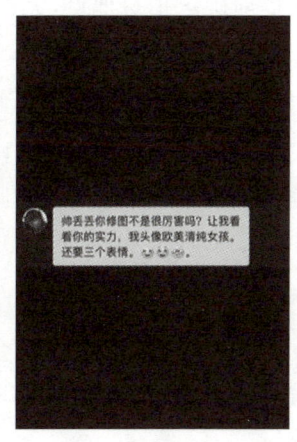

图 4-1-1 "一只丢丢鸟 P 图"抖音账号

### 1. 短视频文案写作特点及受众需求

短视频文案指协助短视频拍摄的脚本,一个短视频脚本应该包括镜头编号、景别时长、画面内容、台词等要素。短视频创作者在实际拍摄时可以按照脚本进行灵活拍摄。

例如,"一只丢丢教 P 图"的抖音账号是 P 图技能分享型账号,通过在社交软件上和粉丝进行互动,满足粉丝的不同要求并呈现出许多不一样的 P 图作品。其短视频以诙谐、有趣的风格为主,并以互动性强的方式分享 P 图的各种操作技巧。截至 2024 年 9 月,该账号的粉丝数已经超过 359 万。图 4-1-1 给出的案例是其账号的置顶作品,整个视频长度 1 分 32 秒,作者巧妙设置"用户留言"回复环节开场,运用精湛 P 图技艺将猩猩幻化为美女,视频紧凑且趣味横生,完播率一直处于较高的水平。

在制作短视频时要注意以下几个特点:

**框架构建。** 在短视频文案策划初期,需要从拍摄主题、故事线索、人物关系和场景等方面进行考量,确保脚本的框架结构完整。

**主题定位。** 短视频文案在创作前须明确视频要传达的核心信息和主题,并选择合适的内容表达形式。

**人物设定。** 短视频的人物设定须紧扣主题,合理设定角色数量与个性,确保每个角色都能对深化主题内涵有一定作用。

**场景设置。** 短视频制作须提前确定拍摄地点,无论是室内、室外,还是采用棚拍、绿幕抠像等技术手段,都要与视频内容相匹配。

**故事线索。** 短视频文案对剧情发展须做一定规划,可以是线性叙事,也可以是倒叙等非线性叙事方式。

**影调运用。** 短视频要根据视频情绪选择合适的影调,如悲剧、喜剧、怀旧等,并据此搭配相应的色彩和光线。

**背景音乐。** 在视频中插入的音乐应与视频气氛相匹配,如流行音乐、中国风音乐、节奏感强的音乐等。

**镜头运用。** 视频中需要合理运用不同的镜头,如全景、中景、近景、特写等,以展现不同的视觉效果和情感。

**台词。** 视频中的解说台词要简洁有力,60秒视频的文字不宜超过180字,以保持用户的注意力。

总之,短视频文案应避免长篇大论,力求精简清晰。据有关数据统计,用户在浏览短视频时,平均停留时间较短,通常只有几十秒甚至更短。因此,文案必须简洁明了,用尽量少的字眼表达清楚短视频所涉及的内容。在编写脚本文案时,同时需要注意以下几点:

**创意与原创性。** 确保视频内容具有创意性和原创性,避免抄袭和重复。

**目标受众。** 明确视频的目标用户,根据用户特点调整内容和风格。例如,针对年轻时尚的用户,可融入时尚潮流、娱乐明星等元素,提升文案共鸣与兴趣。

**品牌特性。** 如果视频是为了展示品牌特性,要确保每个细节都能体现品牌的核心价值。

**时间控制。** 短视频的时间有限,需要每个镜头都经过精心设计,保证信息传达的效率。

日常写作中,建立短视频选题库至关重要,其来源涵盖时事热点追踪、粉丝及用户建议、实际问题解决、灵感积累。常见的短视频内容类型见表4-1-2,常见的短视频选题禁忌见表4-1-3。完善选题制度和流程需注意:明确选题范围,定位短视频发展方向,限定选题类型;固定选题流程,提升效率;完善选题制度,建立公平和谐的团队,促进合作。

表 4-1-2 常见的短视频内容类型

| 类型 | 介绍 |
|---|---|
| 生活技巧类 | 这类短视频的突出特点是实用,为用户提供与日常生活有关实用技巧类短视频。 |
| 技能分享类 | 这类短视频的内容一般是某行业的专业人员对一些专业技能进行分享,包括摄影技能、摄像技能、后期技能等,对用户来说具有一定门槛。 |
| 知识科普类 | 这类短视频是以通俗易懂的语言将深奥的概念解释给用户,例如将"量子力学""蝴蝶的翅膀""相对论""姓氏的区别""科举制度"等概念以短视频的形式呈现出来。这类短视频有充足的选题,可以就某一领域进行深耕。 |
| 搞笑类 | 这类型短视频的用户比较广,搞笑吐槽的内容能够让用户沉浸在轻松愉悦的环境中,从而引起大多数用户的兴趣。 |
| 文艺类 | 这类短视频与搞笑吐槽类短视频有相似之处,但其受众主要是文艺青年,短视频内容多以艺术、文化为主。 |
| 美食类 | 作为"舌尖上的民族",美食是一个经久不衰的主题。这类短视频在选题方面有大量可选择的空间,利于创作者在长时间内持续产出优质内容。 |

表 4-1-3 常见的短视频选题禁忌

| 选题禁忌 | 内容 |
|---|---|
| 盲目蹭热点 | 盲目地蹭热点不仅可能会引起用户的反感,还可能会被判违规甚至下架。 |
| 过度娱乐化 | 过度娱乐化的内容仅仅在一段时间内对用户有吸引力,当发展到一定程度后便会出现瓶颈期。而纯粹娱乐化的短视频转型较为困难,因而不利于长久的发展。 |
| 推销劣质产品 | 短视频带货能力十分显著,但是对于短视频博主来说不能推荐劣质甚至有害的产品。 |
| 造谣传谣 | 谣言可能有较高话题度,能够短时间内吸引大量用户,但属于违法违规的行为。 |
| 色情低俗 | 传播色情低俗内容属于违法违规行为。 |
| 政治敏感 | 涉及政治、时事类的内容一直都属于敏感话题,对于普通的短视频创作者来说,应尽量避免。 |

要提高短视频的选题质量,一般可以从标题、内容、受众等方面考虑。

**优化标题。** 标题的选择对于吸引用户、扩大影响都十分重要。可以浏览其他自媒体平台的内容来寻找灵感,为标题的拟定提供一些参考。

**提高内容质量。** 一个能够吸引用户注意力的短视频,必然有能够引起用户共鸣的内容。

**受众的扩大。** 短视频拍出来不是为了自娱自乐,而是要吸引用户的关注,这就需要注意选题及相应的内容是否能够让大多数人看懂。

### 2. 短视频文案写作基本流程与注意事项

（1）短视频标题的写作

标题是短视频的重要组成部分,要写好短视频文案,标题是需要关注的重点之一。对于很多短视频平台来说,标题与简介是一体的,标题即简介,简介即标题,二者都是对整体内容的简洁概括。创作短视频标题须掌握技巧与标准,主要有以下 3 点。

**点明主题。** 标题和简介是短视频整体内容的一个组成部分,短视频以"快"和"短"著称,其标题和简介旨在迅速传达内容概要,确保通俗易懂。一个好的短视频标题和简介,能够起到画龙点睛的作用。

**算法分发。** 很多短视频平台采取算法分发的模式,标题和简介作为内容引导,概括核心观点,便于 AI 解析关键词,精准推荐给潜在用户。

**吸引用户。** 用户在浏览短视频时候,具有自主选择性。调查显示,多数用户不查看详情、标签等,因此标题和简介成为吸引用户的关键。贴近用户生活的标题和简介更容易被用户关注。短视频标题的写作要求字数适中、语句通顺、格式标准等。撰写短视频标题时,须聚焦在吸引力和有效性两个方面,通过数据支撑提升可信度,结合热点吸引眼球,考虑用户需求增强针对性,瞄准痛点引发共鸣,增强互动激发参与,设置悬念吸引关注。常见的标题写作方法可以归纳为以下 6 种方式。

**人物＋状态＋情感宣泄。** 标题可以通过描绘人物的情感状态来引起用户共鸣。在标题中使用这种格式可以迅速抓住观众的情感,让用户感到视频内容与自己的生活息息相关。在选择此方式时,要确保情感宣泄与目标用户的实际感受相匹配,以增强共鸣效果。

**巧设悬念。** 描述事件时巧设悬念,是吸引用户持续关注的法宝。标题中的悬念元素能激发用户的好奇心,驱使他们点击视频,探寻完整故事。例如:"3 分钟学会××，90%的人第一步就错了。"与此同时，应注意确保视频内容能够满足用户的好奇心，避免标题党，以免用户感到失望。

**结合主体感受。** 以问句形式呈现，能直接与观众互动，激发他们的思考与共鸣。此格式尤其适合鼓励用户参与讨论，分享亲身经历。例如："你是否也曾有过这样的瞬间？"这个问题与视频内容紧密相关，并且能够激发用户的参与欲望。

**"你要相信"＋观点。** 此类标题格式有助于传递正能量的价值观念，激励用户勇于面对挑战。它适用于励志类内容，传播正面信息。此处的观点应具有普适性，以广泛激励受众。

**情境＋"怎么样"＋事件。** 此类标题格式提供实用指南，适合教育及指导类内容。它能吸引寻求解决方案或技巧的用户。例如："面试时如何给面试官留下深刻印象？"这里提供的信息应是有价值的、能够满足用户学习需求的，帮助他们解决实际问题。

**热点话题＋创新角度。** 结合热点话题的标题可以增加视频的关注度，而从创新角度设计则能够使内容脱颖而出，吸引那些对常规讨论已经感到厌倦的用户。例如："高考志愿填报必看！这3个'冷门'专业就业率超98%。"这样的文案能够从新角度切入并与热点话题相关，在此基础上能够提供新的见解或信息。

---

### 抖音和快手标题的比较

抖音界面是全屏的设计，用户通过不断上滑来浏览短视频，它的分发依赖于系统提取信息。因此，标题吸引力虽处于次要地位，但信息量需充分，以确保系统能准确提取从而精准推送。

快手采用瀑布流设计，用户依据标题决定是否点击观看。因此，标题能否吸引用户，成为关键所在。

---

(2) 短视频故事脚本的写作

脚本是戏剧、电影等表演和拍摄的依据，也是故事的最初模板。对于短视频而言，脚本写作至关重要，直接影响后续创作质量。

一个详细的脚本可以减少拍摄过程中的不确定性,确保拍摄按计划进行。脚本中应详细规定每个镜头的具体要求,涵盖演员动作、道具运用等细节,从而降低现场即兴创作的需要。

提前规划镜头与场景,可以降低对拍摄质量的担忧,同时预防后期剪辑时素材匮乏的问题。脚本设计需融入光线、色彩等视觉元素,及其对视频整体质感的塑造作用。

脚本为短视频的剪辑提供了明确的指导,以便剪辑师理解视频的叙事结构和节奏。在脚本中标注剪辑点,如转场、特效插入等,可以保证剪辑的流畅性和叙事的连贯性。

在写短视频脚本之前,需要先定一个大致的方向,根据账号定位确定故事选题,建立故事框架,确定角色、场景、时间等要素。确定故事框架主要是根据账号定位和目标受众,来定故事的主题和风格;然后明确故事中的主要角色、关键场景和时间背景;之后可以梳理故事走向,详细规划故事的起始、发展、高潮和结局。

短视频故事脚本一般分为拍摄提纲、文字脚本、分镜头脚本三种类型。

**拍摄提纲**。拍摄提纲是拍摄影片或场面的要点清单,拍摄前列出需拍摄的内容,形成初步框架,多用于新闻纪录片的创作。脚本对拍摄内容起提示作用,适用于一些不容易掌控和预测的内容。例如,一些新闻类或者随机的街拍短视频,就可以运用这种脚本类型。

**文字脚本**。文字脚本适用于各种小说、故事的改编,它将所需素材和细节融入拍摄提纲,以镜头语言的形式呈现,使脚本内容更加完整和丰富。文字脚本详细列出了拍摄过程中所有可控因素的思路,然而,对于短视频而言,其不足之处在于仅提供人物的大致情节,缺乏明确的演出者台词指导。如果要做的短视频不怎么需要剧情或者台词就可以采取这种脚本。

**分镜头脚本**。分镜头脚本是最常用到的,也是三种脚本中最完整的。分镜头脚本要求极其细致,确保每一个画面都在掌控之中。它成功地将文字转化为镜头可以直接呈现的画面,实现了一定程度的"可视化"效果。镜头脚本对画面的要求极高,要在短时间内展现出一个情节性很强的内容。分镜头脚本适用于故事性强的短视频,是故事类短视频常用的一个脚本类型。

分镜头脚本的制作涉及将故事转化为具体的视听元素,包括镜头编号、景别、台词(含解说词或旁白)、音乐、音效和镜头时长。为了高效地完成视频制作任务,可以采用多维表格工具,如 vika 维格表,来管理视频制作的每个环节,确保视频制作的行动指南和绝对规范得到遵守(表4-1-4)。此外,分镜头脚本的制作还应遵循基本的 5W 原则(when 时间、where 地点、who 人物、what 事件和 why 起因),并考虑镜头角度、运动和景别的选择,以增强视频的观感体验。

表4-1-4 分镜头脚本的主要内容

| 构成要素 | 具 体 内 容 |
| --- | --- |
| 镜头编号 | 每个镜头按顺序编号 |
| 景别 | 一般分为全景、中景、近景、特写和显微等<br>技巧:包括镜头的运用,如推、拉、摇、移、跟等,镜头的组合,如淡出淡入、切换、叠化等<br>画面:详细写出画面中场景的内容和变化,并设计一些简单的构图等 |
| 对话 | 包括台词(含解说词、旁白)等<br>台词是戏剧表演中角色所说的话语,是创作者用以展示剧情,刻画人物,体现主题的主要手段<br>旁白或解说词需要按照分镜头的画面内容,在文字稿本的解说基础上,将其改编得更加具体、形象 |
| 场景 | 在拍摄的时候对同一个场景的内容进行集中拍摄 |
| 音乐 | 标明视频不同位置分别使用什么音乐 |
| 音效 | 也叫音乐效果,它可以结合画面创造身临其境的真实感,如现场的环境声、雷声、雨声、动物叫声等 |
| 镜头长度 | 即每个镜头的拍摄时间,一般以秒为单位,时间长度代表的是预想中的短视频长度。短视频最大的特点是"短",因此短视频脚本也需要重视对时间长度的把控 |

(4) 短视频开头占结尾文案的写作

根据《中国互联网络发展状况统计报告》显示,短视频用户规模已超过9亿,每天产生超过3.5亿条内容。因此,一个引人入胜的短视频开头,不仅能够迅速抓住用户的注意力,还能激发他们继续观看的兴趣。例如,抖音平台上的热门短视频创作者"李子柒",其作品总是以宁静的自然景色和独特的乡村生活为主题,开场一般通过精心剪辑的自然风光和悠扬的音乐,让用户在短时间内就能感受到一种逃离都市喧嚣、回归自然的宁静。而一个好的结尾文案,能够起到画龙点睛的作用,升华整个短视频的主题,吸引用户关注短视频账号。短视频开头与结尾的文案写作有相似之处,也有不同之处,以下围绕这两部分的写作展开分析。

① 开头文案

一般来说,短视频的开头文案旨在塑造 IP 形象并吸引用户。

**塑造 IP 形象。**确保封面和视频内容风格、色彩和主题保持一致,加强品牌的辨识度。运用独特的设计元素或标语,让封面在众多视频中独具一格,引人注目。

**吸引用户关注。**"电梯时间"对短视频来说非常重要,它指的是在一段广播电视、视频节目中视听率最高、最能吸引用户注意力的时段。所以,视频开头几秒需呈现最吸引人的内容,以迅速抓住观众眼球。

开头文案的写作技巧包括留下悬念、列出干货、结合热点等。设置悬念,可通过省略号、问号或未完句激发用户好奇心;列出干货是直接告诉用户他们将从视频中获得哪些具体好处或知识;结合热点则是利用当前的热点事件或流行趋势来吸引用户的兴趣。

② 结尾文案

结尾文案的价值是升华主题、吸引关注。

**升华主题。**用户在观看短视频时大多处于一种放松、愉悦且无意识的状态,期望用户自行对短视频留下深刻印象较为困难。如果在视频结束时可以提供一个简短的总结来强化视频的核心信息,并注意使用情感化的语言或画面,会对增强用户的情感体验有所帮助。

**吸引关注。**用户的注意力、关注度对于短视频的运营来说至关重要,但是在短视频浏览中,用户的注意力极为稀缺,需通过鼓励用户评论、分享、点赞,以提升视频互动性和曝光度。

结尾文案的写作技巧包括留下悬念、进行互动、引导关注、总结提炼等。留下悬念是指在短视频的结尾为下一期视频设置悬念,激发观众的期待;进行互动是指通过提问或挑战来鼓励用户参与互动;引导关注是指直接请求用户关注,以增加粉丝数量;总结提炼是指以简洁有力的方式对视频内容进行回顾,加深用户印象。

### 短视频文案写作的注意点

严格审核编校,避免文字、数字、标点等错误。

保证文案准确无误,提升用户观感。

质量重于数量,高质量文案胜过多个普通文案,避免为追求推送频率而发低质量文案,避免文案冗长啰嗦,降低可读性,招致用户反感。

需明确主题焦点,追求潜移默化的推广效果。

文案无需面面俱到,一两个亮点即可抓核心。

避免平铺直叙,突出亮点以提升文案价值。

严禁违规转发、评论、点赞及私信用户,频繁删发作品,抄袭搬运刷量,以及发送违法违规视频及文案等不良操作。

## 知识拓展

### 合理利用短视频的评论区

短视频评论不仅可以反映用户对话题的热情度,还可能推动视频的传播与推广。有时,一些评论因其独到见解而获得的点赞数甚至超过了原视频本身的点赞数。因此,短视频创作者应有意识地植入可能激发讨论的元素,以激励用户更积极地参与互动。

创作者也可以通过自我评论来丰富视频内容。在视频刚发布时,观看的用户数量可能较少,评论也不多。这时,创作者可以通过自我评论来吸引更多观众关注。

此外,通过回复评论来引导用户情绪也是一种有效手段。对于用户在评论区提出的疑问,创作者应及时回应,促进用户持续关注,最终有利于实现品牌宣传及销售转化。

## 课后实训

结合你熟悉的领域,选取一款产品,创作一个时长在30—60秒的短视频文案。要求开头能够迅速吸引用户的注意力,如提出问题、展示惊人数据或使用引人入胜的场景描述；中间清晰地介绍产品的核心卖点，如功能、材质、独特设计等，可在其中使用对比、比喻等修辞手法增强文案的表现力；结尾设置一定的引导性语句，如鼓励点赞、评论或分享购买途径。

## 课后思考

假设你是一个健康生活品牌的社交媒体经理，现在需要推广一款新的健康饮品，你觉得怎样的短视频文案能够吸引目标受众，并促使用户产生购买意愿？请尝试撰写一个短视频脚本文案。

# 项目二　直播文案写作

## 任务 1　认识直播和直播文案

### 任务描述

本任务聚焦直播行业发展与核心能力培养,系统梳理直播从游戏直播起步到电商直播爆发的发展历程,解析直播平台实时性、多样性、社交性、便捷性、双向性等核心特点,结合典型案例探讨行业规范化趋势与职业标准。通过本任务的学习,学习者将建立对直播生态的全面认知,为参与直播策划、运营等实践奠定基础,并了解直播行业的规范要求,在实践中平衡商业目标与用户体验。

### 任务要点

#### 1. 直播与直播平台

直播是基于移动互联网技术而产生的可使用户实时参与互动的内容表现形式,正日益受到品牌、企业与商家的重视和用户的青睐。作为一种新兴的互动内容形式,近几年来呈现出迅猛发展之势,对传统营销方式产生了深刻影响。国内直播行业大致经历了四个阶段的发展历程。

（1）游戏直播的兴起

2008 年,YY 语音平台正式推出游戏直播功能,标志着直播行业初步探索的开始。通过启用游戏直播频道模板、添加主播、设置直播权限等一系列步骤,用户得以开启并享受游戏直播带来的互动体验。2014 年,斗鱼直播与战旗直播的成立,显著推动了游戏直播行业的发展,吸引了众多游戏玩家和观众的关注。

(2) **直播平台的多样化**

2015年,直播平台迎来多元化发展,虎牙直播、龙珠直播成立,搜狐、新浪、网易等互联网巨头也纷纷加入,由此丰富了直播平台的种类与数量,加剧了该领域的竞争,同时也为用户观看使用直播提供了更多选择。

(3) **移动端直播的兴起**

2015年,映客直播与花椒直播的上线,标志着直播向移动端的转移。移动端直播降低了直播的门槛,使得大众参与直播变得更加便捷,极大地拓展了直播的用户群体和使用场景。

(4) **电商直播的爆发**

自2016年起,随着淘宝、抖音、快手等平台相继推出直播功能,电商直播行业迎来了新的发展纪元。到了2020年,直播带货模式迎来了全面爆发,不仅成为电商领域的新趋势,还彻底改变了传统电商的营销模式。随着时间推移,直播平台与短视频平台逐渐融合,多数短视频平台已具备直播功能,直播成为电商不可或缺的一环。主播通过自身的人格魅力获得用户的认同和信任,进而有力地促进商品销售,形成了一种独特的营销模式。除了占据主导地位的电商直播外,在线教育直播和会议直播也日益流行起来。直播应用在教育、商务等多个领域的场景中并不断拓展,满足了不同用户在不同场景下的多样化需求。

随着5G、AR、VR等前沿技术的不断发展,直播的互动性和体验感将获得进一步提升。用户将能沉浸于直播之中,享受更为丰富且逼真的互动体验。为满足不同用户群体日益多样化的需求,未来的直播内容将朝着更加多元化的方向发展。为了保障直播健康、有序地发展,相关的法律法规和监管措施也将逐步完善,以更好地促进直播行业在良性的轨道上发展。

**2. 直播平台特点**

无论是带货、游戏直播、知识分享还是日常生活分享,直播平台为用户提供了一个多样化的互动空间。直播平台已超越单纯观看视频的范畴,集成了丰富的互动功能与社交元素,从而吸引了大量用户的积极参与。它主要具有以下5个特点:

**实时性。** 直播平台最大的特点之一就是能够实时地将内容传递给用户。与传统的视频录制后再上传的方式不同,主播的每一个动作、每一句话都可以在几乎没有延迟的情况下被用户看到和听到。例如,在一场体育赛事直播中,用户可以同步感受比赛的紧张与刺激,为主队加油助威,就像在现场一样。

**多样性。** 直播覆盖了各种各样的领域。无论是音乐、舞蹈、曲艺、综艺等节目的播放领域,还是游戏、体育的实况解说,乃至学术讲座、职业技能培训、知识科普,甚至是美食制作、旅游攻略分享、健身锻炼指导等贴近生活的直播内容,都能随时呈现,为供需双方搭建起互动交流的交流平台。

**社交性。** 直播平台为用户提供了拓展社交圈子的机会。用户可以轻松关注心仪的主播,成为其忠实粉丝,并通过弹幕、评论、点赞、赠送礼物等多种方式,与主播进行即时且有趣的互动。主播在平台上积累了一定数量的粉丝后,就会产生一定的社交影响力。他们可以通过直播推荐产品(如美妆产品、服装、电子产品等),粉丝可能会因为对主播的信任而购买推荐的产品,这种现象在电商直播中尤为明显。一些头部主播的推荐能够让产品销量在短时间内大幅增长。

**便捷性。** 直播平台依托成熟的移动互联网技术,打破传统观看限制,用户仅需智能手机、平板电脑或电脑等终端设备连接网络,即可随时随地接入直播内容。无论是通勤途中用手机刷电商直播下单,还是居家通过电脑观看在线课程,均能实现无缝衔接。平台针对不同设备屏幕尺寸、系统特性进行深度适配优化,确保在安卓、iOS 及 Windows 等多系统环境下均能呈现高清流畅的画面与稳定的交互体验,真正实现"随时看、随地享"的灵活观看模式。

**双向性。** 直播与传统媒体最大区别之一就在于它实现了即时的双向互动,用户的兴趣意向可直接影响直播内容(如点歌、提问),根据用户的反馈主播可以及时调整直播内容。在一场直播中,主播与用户可以通过弹幕、点赞、礼物打赏、连麦等多种方式实时互动,大大提高了彼此的参与感。

但是,不同类型的直播平台因功能属性侧重点不同,各自展现出不同的特色(表4-2-1)。

表4-2-1 不同类型的直播平台及特点

| 平台类型 | 代表案例 | 核心特点 |
| --- | --- | --- |
| 娱乐社交直播 | 抖音、快手 | 算法推荐强,内容碎片化,侧重 UGC(用户生成内容) |
| 游戏直播 | 虎牙、斗鱼 | 硬核玩家社区,以赛事版权为核心 |
| 电商直播 | 淘宝直播、京东直播 | 供应链整合,转化导向 |
| 垂直领域直播 | 知乎 Live(知识)、Keep(健身) | 精准用户群体,内容专业化 |

近年来，随着网络直播行业的蓬勃发展，国家对直播行业的管理逐渐加强，颁布了一系列文件（表4-2-2）。2020年7月，人力资源和社会保障部联合国家市场监督管理总局、国家统计局正式向社会发布了包括"互联网营销师"在内的9个新职业，其中"互联网营销师"职业下增设了"直播销售员"工种。这一举措不仅体现了国家对新兴职业的认可，也标志着"带货"主播正式成为一个被社会广泛认可的职业工种。新工种的设定，在技能上有了明确的指标点。并且在直播销售员这一工种的职业守则中明确规定："遵纪守法，诚实守信。恪尽职守，勇于创新。钻研业务，团队协作。严控质量，服务热情。"直播销售员的职业道德规范要求其在直播中不得发布虚假信息，不得进行不正当竞争，必须保护消费者隐私等以提升行业整体素质。

表4-2-2 网络直播的规范要求

| 时间 | 出处 | 内容 |
| --- | --- | --- |
| 2020年6月 | 中国广告协会发布《网络直播营销行为规范》 | 直播营销话术应当全面、真实、准确地披露产品或者服务信息，依法保障用户的知情权和选择权等规范 |
| 2020年11月 | 国家市场监督管理总局发布《市场监管总局关于加强网络直播营销活动监管的指导意见》 | 明确列举出依据相关法律规定可以查处的网络直播营销违法行为 |
| 2021年5月 | 国家互联网信息办公室、公安部等七部门联合发布《网络直播营销管理办法(试行)》 | 进一步规范了直播营销活动 |
| 2022年8月 | 淘宝平台开始实施新版的《淘宝直播管理规则》 | 对主播营销话术进行了更严格的规定，明确"设定霸王条款、不合理条件"属于不正当竞争等 |
| 2022年8月 | 抖音平台发布《2022抖音直播平台治理白皮书》 | 梳理了抖音直播围绕平台生态、搭建长效治理体系的重要举措 |
| 2023年7月 | 国家互联网信息办公室发布《关于加强"自媒体"管理的通知》 | 强调了"加强信息真实性管理"的要求，强调了规范账号运营行为的要求，并明令禁止"蹭炒社会热点事件"等不合规行为，鼓励"自媒体"生产高质量内容 |

### 课后实训

阐述你比较熟悉的直播平台特点,并分析它为什么会吸引你去使用。

### 课后思考

你觉得直播平台在保护用户隐私方面会面临哪些挑战?可能的解决办法有哪些?

## 任务 2　直播文案写作技巧

### 任务描述

直播文案是指在直播过程中使用的文本内容,有时也叫作直播脚本,包括直播标题、介绍、互动话术等,旨在吸引用户、增加互动和提升直播效果。直播文案的撰写需要结合直播的具体内容和目标用户,通过吸引人的标题、生动的介绍、有效的互动和适时的促销,来提升直播的吸引力和互动性。通过本任务的学习,学习者将了解直播文案的不同类型,掌握直播文案写作的基本流程和步骤,学会直播文案的撰写。

### 任务要点

#### 1. 直播文案的特点及基本需求

(1) 直播文案的含义

直播文案依托直播这一新颖技术形式,通过实时话语展现,吸引用户关注,提升产品销量。从本质来讲,它属于营销文案范畴,是为在直播场景中更高效地推销产品或服务而精心打造的。

直播文案融合了创意、策略与技术,是主播与用户互动的桥梁,对提升直播销量至关重要。首先,直播文案需要考虑实时情境下的特殊元素。例如,与用户的互动情况、用户反馈信息以及直播间的氛围等。其次,直播文案须具备吸引力和感染力,迅速吸引用户注意,激发其对产品或服务的兴趣。再次,直播文案还须具备针对性和说服力,要针对用户的需求"痛点"、利益诉求等因素,给出有力的依据,促使用户购买产品或服务。

直播文案与朋友圈或其他平台的销售文案存在差异,它无法仅凭寥寥数语就让用户下单,其功能更多的是吸引用户进入直播间,而后依靠直播内容引导用户购买。直播文案是吸引用户进入直播间的关键因素。

(2) 直播文案的类型

直播文案包括直播脚本文案、直播话术文案和直播评论文案。

**直播脚本文案**。直播脚本文案用于掌控整个直播流程,是直播文案的主要表现形式。卖家应当提前精心策划详细的脚本文案,并与主播深入沟通。此举既能确保直播高效、有序地进行,实时捕捉用户反馈,又便于主播在直播后复盘分析,不断优化,从而提升直播转化成效。

**直播话术文案**。直播话术文案用于全面介绍直播中的产品和服务,是直播营销场景中连接产品价值与用户需求的核心媒介。相较于传统营销单向传递产品信息的形式,直播营销依托实时交互、场景化展示及 KOL 专业背书的优势,构建起新型的消费关系。其本质是通过价值传递、知识共享与情感共鸣的三重作用机制,完成从流量吸引到用户沉淀的闭环:一方面直播主播借助直播话术文案以个性化表达建立主播人格 IP,强化粉丝黏性;另一方面通过精准洞察用户痛点与利益诉求,将产品功能转化为场景化解决方案,最终实现销售转化。

**直播评论文案**。直播评论文案指用户在直播间内发送的简短文字内容,用于表达态度、互动交流、营造氛围或促进转化。其核心作用是与主播及其他用户实时互动,形成"弹幕文化"的社交生态。根据发起主体不同,可分为用户自发评论和运营引导两类:前者是用户基于个人感受的主动互动(如赞美、提问、吐槽),体现真实情感与即时反馈;后者多为品牌方、主播团队或平台预设的话术(如促销口号、互动指令),旨在引导舆论或推动特定目标(如提升转化率)。

(3) 直播文案的特点

在用户直播观看行为变迁、流量争夺加剧以及电商内容生态深化等多种因素的作用下,直播文案呈现出极为鲜明的特色。

**灵活多变**。直播文案的灵活多变体现在设计与运用两大方面。设计层面,主播能依据个人特色、品牌调性及目标用户群体等因素,巧妙构思直播营销文案,实现精准吸引用户的目的。例如,在销售衣服的直播间中,有着设计师人设的主播和专业销售衣服的主播所使用的直播文案就存在显著差异。直播文案需具备强烈的情绪感染力,以此触动用户的"情绪开关",激发其购买欲望,促成交易。

**简洁生动**。用户在直播间停留时间通常较短,浏览直播往往只是"匆匆一瞥"。这要求直播文案简洁、精炼,能够直接呈现产品或服务的关键卖点。主播需要使用生动且富有感染力的语言来吸引用户注意力,提升用户参与度。

**用户视角**。尽管直播间具有很强的营销属性,但用户有时进入直播间的原因只是出于好奇。主播应确保直播文案充分从用户角度出发,推荐产品时贴近用户需求,从而拉近与用户的心理距离,增强用户的认同感和好感度。

**互动性强**。主播在介绍产品过程中会面临直播间用户提出的各类问题,而且直播间氛围会直接影响用户的感受、停留意愿以及购买意愿。因此,主播在直播过程中须运用恰当的话术,积极与直播间用户互动,有效解答用户疑问,促使用户放心购买。

**利他性**。鉴于直播间用户进入时可能并无明确消费意图,直播文案更应强调"利他性",即突出用户能从中获得的益处。通过强调用户能够获得的利益点来激发用户的购买意愿。

### 2. 直播文案写作的基本步骤和注意事项

#### (1) 直播脚本文案

直播脚本文案可以帮助主播和工作人员提前准备好直播过程中需要开展和处理的一系列事项。它主要包括人员分工、产品介绍、直播环节设计和场景设计。直播前准备好脚本文案可以帮助主播有目的、有重点地进行商品的推广工作以及解决临时突发的问题。文案创作者应事先准备脚本文案表格,以备创作时使用。直播脚本文案涵盖时间、地点、商品数量、主题、主播、场控、运营、过程和注意事项(表4-2-3)。

表 4-2-3　直播脚本文案大纲

| 时间 | | | |
|---|---|---|---|
| 地点 | | | |
| 商品及数量 | | | |
| 主题 | | | |
| 主播 | | | |
| 场控 | | | |
| 运营 | | | |
| 时间 | 环节 | 主播 | 场控 |
| 10 分钟 | 预热、开场 | 自我介绍、引入主题 | 互动及引流 |
| 60 分钟 | 讲解产品 | 讲解产品 | 放优惠券 |
| 10 分钟 | 互动抽奖 | 互动抽奖 | 演示操作 |
| 60 分钟 | 讲解产品 | 讲解产品 | 放优惠券 |
| 10 分钟 | 返场、结束 | 爆品返场串讲、结束及预告 | 答疑 |
| 注意事项 | 1. 丰富直播间互动，吸引更多新用户关注<br>2. 直播讲解时间分配：60％介绍产品，25％答疑，15％互动<br>3. 留意用户提问，重复出现的问题要多留意<br>4. 主推×××新品 | | |

（2）直播话术文案

直播话术文案能够帮助主播在直播时避免忘词、偏离主题等问题。直播过程中，信息输出量大且节奏快，如果没有准备直播话术文案，主播易紧张忘词或偏离主题，精心准备的话术文案如路线图，会指引主播按照既定的方向和目标进行直播。准确有力的直播话术能够显著提升直播质量，精准传达产品信息，快速吸引观众，高效解答疑问，营造良好氛围，提升用户的参与度和购买意愿，优化直播效果。具体直播的不同阶段以及对应文案参考见表 4-2-4。

表 4-2-4　直播话术文案大纲

| 阶段 | 文案举例 | 目的 |
|---|---|---|
| 开场（聚集人气、留住顾客） | 1. "欢迎大家来到我的直播间，希望我的歌声能够让您心情愉悦。"<br>2. "小伙伴们晚上好，欢迎大家观看今晚的直播。已经进入直播间的观众可以在评论区回复:1。今天晚上的直播有很多惊喜等着大家，很多产品今天都是超低价哦！" | 介绍本次直播的主题、目的、福利，引出卖点，让用户点击关注。通过加强互动、发放福利、福利折扣预告，以及爆款、新品预告等留住用户 |
| 暖场 | 1. "今天我们的直播间会推出一款史无前例的优惠产品，大家一定不要错过了。"<br>2. "话不多说，我们先来波抽奖。" | 制造用户感兴趣的话题，吸引他们留在直播间 |
| 引导关注 | 1. "刚进来的朋友们，记得点击屏幕左上角'关注'按钮，关注直播间！我们会不定期发布各种福利，连续签到 7 天就可以获得一份赠品哦！"<br>2. "刚进直播间的新朋友，一定要点击领取页面上的'新用户红包'，再点击'分享抢券'，将直播间分享给两名好友并关注店铺，即可领取满 290 元减 80 元优惠券，最后加入店铺会员还能领取 5 元红包。" | 引导用户关注直播间，刺激用户的购买欲望 |
| 产品介绍（展示推介） | 1. 产品举证。包括销量截图、网友好评、网红推荐、官方资质、专家背书等。例如："这支口红一周销售 13 万份（销量数据），上市当天销售突破 8000 份（销量数据），顾客评价 4.9 分（顾客评分）。"<br>2. 专业介绍。从产品的功效、成分、材质、价位、包装设计、使用方法、使用效果、使用人群等多维度介绍产品，越专业越有说服力。例如："这种全棉卫衣适合秋天穿，前面是撞色图案，领口几何形衍缝线，版型中长，时尚百搭，可搭配紧身小黑裤，显得年轻有活力。"<br>3. 场景展示。从自身或模特角度出发，进行细致的表达。例如：×××在直播间都会亲自试口红，并描述试用后的感受，例如"给人很温柔、很春天、很新的感觉"。这样的话术听着就让人心动 | 通过模拟产品的使用场景，展示产品外观，说明产品优点、促销利好政策，刺激用户产生需求并下单 |

(续表)

| 阶段 | 文案举例 | 目的 |
|---|---|---|
| 催单（引导下单） | 1. 强调价格优惠。例如："这款产品，今天是最后一天做优惠降价活动，过了今天就恢复原价，和现在的价位相比，足足多了几百元呢，机不可失，失不再来哦。"<br>2. 告知产品数量，营造紧迫感。例如："还有最后 500 套，家人们赶快抢，好东西果然很受欢迎啊，半小时不到，××只剩下不到一半的库存了，要买的宝宝抓紧时间下单哦。" | 通过竞品分析、单品对比等进一步打消用户疑虑，促使用户尽快下单；通过赠送礼品、折扣礼金等，引导用户下单；通过原价与现价反复对比、强调活动期限将至、名额紧张等，提醒用户下单 |
| 感谢＋结束＋下一场直播预告 | 1. 引导转发。例如："点击屏幕右下角的转发按钮，帮我们转发一下，谢谢大家。我们的产品都是经过团队自用筛选，请大家放心使用。下次直播有你们最想要的×××，优惠力度非常大，记得一定要来哦。同时欢迎大家关注我的微信公众号×××，我们会经常发些文章和活动。"<br>2. 打感情牌。例如："大家一定要注意保重身体，好好保护自己。" | 引导转发助力，预报下期直播时间和内容，为公众号引流，加深情感连接 |

（3）直播评论文案

直播评论文案即评论区文案，它在直播互动环节占据着重要的地位，对于增强用户参与感、提升直播吸引力与转化率有着关键作用。直播评论文案成功的关键，在于迅速吸引用户注意，并有效促使其行动。直播过程是动态的，用户的反馈和直播的进展都在不断变化。主播须根据直播内容变化适时更新评论，确保与直播实际契合，持续保持吸引力和引导力。

评论回复是直播的补充说明，直播内容可能因时间限制或其他因素无法将所有信息都详细阐述，评论区是其补充平台。主播可以在评论区对直播中未详细说明的内容进行进一步解释，确保信息的完整性，使用户对直播主题有更全面的理解，避免因信息缺失而产生误解。及时回复有助于提升用户的满意度与信任感，让用户感觉被重视，更积极地参与到直播互动中。主播可以通过有针对性的评论，巧妙地引导用户关注产品的独特特点和优惠信息。例如，在评论中突出产品的性价比、独特功能或者限时优惠等，激发用户的购买欲望，促进销售转化。

紧跟热点,结合用户痛点创作评论,可以有效提升关注度和互动性。而当评论内容与热点相关时,更容易吸引用户的目光。触及用户痛点的评论则能够让用户产生共鸣。

针对用户的个性化问题给予专门的、有针对性的回复,能够极大地增加用户的满意度和忠诚度。个性化互动让用户感觉被特别关注,加深与主播的情感连接。例如,一个有趣的评论可能会在用户之间迅速传播,引发更多的用户参与互动,为直播营造轻松愉快的氛围,使用户更愿意停留在直播间。评论回复的内容应始终保持正面和积极的态度,遵循直播平台运营规则,避免出现负面或争议性的内容。评论要简洁明了,直接传达核心信息。对负面评论优先安抚,避免与用户争执。直播工作人员还需实时监控评论区,及时删除恶意刷屏或广告内容。

(4) 直播文案注意事项

直播文案对直播间营销效果有直接、显著的影响。主播在使用直播文案时,应当加强规范意识,避免因话术不当给品牌方、直播间、用户和自己带来不利影响。

**真实许诺。**直播文案应当力求真实、客观,不能使用违禁词,不得夸大产品或服务的功能和效果,不得误导用户。例如:"这款产品全网销量第一,绝对是市场上最好的选择!"这属于违规话术。

**明确具体。**在直播中,主播应清晰地介绍产品的功能和用途,防止对用户产生误导。例如,知名主播在直播中展示产品时,会详细讲解产品的名称、产地、材质、规格型号、质量、价格、服务承诺、物流等信息,并通过亲自试用、展示成分、讲解知识、讲故事等方式,真实、准确地传达产品信息。此外,他们还会使用产品数据、统计资料、调查结果、引用语等引证内容,并展示相关证书、报道截图等,以增加信息的可信度。

**信守承诺。**若主播在直播中做出承诺,比如赠送产品或服务,就必须明示赠送的产品或服务的类型、规格、数量等信息,并在事后履行承诺。对于无法兑现或主播自己难以确定的承诺,要避免提及。

在直播中,主播的话术需严格遵守国家法律及平台规定,严禁涉及敏感的政治话题、低俗暴力迷信内容、违法犯罪行为、虚假欺诈宣传、带有歧视与偏见的言论、诱导刺激消费的手法、过度夸张的宣传、侵犯权益的行为及引流嫌疑。

## 知识拓展

### 垂直化直播

垂直化直播是聚焦特定行业、领域或用户群体,以"垂直"与"专业"为核心,通过深度融合直播技术与行业需求,构建差异化竞争优势的直播模式。其内涵从泛娱乐转向精准服务,成为行业服务工具,实现用户需求与商业价值的精准对接。

该模式具备四大核心特征:内容上,主播具备专业知识,围绕用户痛点设计内容;用户上,通过标签化运营锁定目标群体,形成高黏性社区;形式上,结合行业特性创新,如一对一直播、多平台融合及智能化升级;商业上,通过品牌植入、电商带货、知识付费等形成闭环,天然具备变现优势。

典型案例中,淘宝直播以"直播+店铺"模式引领电商垂直化,陌陌直播探索社交垂直化。未来,垂直化直播将呈现三大趋势:一是行业渗透持续深化,嵌入医疗、农业等传统领域;二是技术驱动体验升级,AR、VR、AI 助手增强沉浸感与互动性;三是生态化竞争加剧,平台需构建完整链条以巩固市场地位。

## 课后实训

请规划一场智能电子产品直播的完整脚本,包括开场、引导关注、产品介绍、互动环节、催单环节和结束环节。

## 课后思考

一位带货主播在直播间推荐平价食品时,却没有主动品尝,只是按照话术在宣传商品卖点,直播中引发了用户的不满,如果你是主播或者运营人员,你会如何应对此种情况?

# 模块五　互联网文案传播与 AI 赋能文案写作

在信息全球化、知识数字化的时代，提升互联网文案传播力逐渐成为互联网营销中至关重要的一环。对于文案创作者来说，掌握互联网文案的传播要领，提升互联网文案的传播力，对实现更好的传播效果和品牌营销目标有着不可或缺的作用，这就需要综合考虑文案策划、用户、创意、内容质量、媒介选择、传播策略、数据分析与优化以及团队协作等多个因素。

随着技术的发展，人工智能已经融入日常的生活、工作、学习之中。特别是近年来，生成式人工智能的迅猛发展，正深刻改变着各行各业的面貌。生成式人工智能技术，指的是那些能够生成文本、图片、音频、视频等多样化内容的模型及其相关技术。生成式人工智能正逐步渗透到文案创作领域，助力创作者高效处理文案事务，轻松撰写各类文案。

本模块主要介绍互联网文案的传播特点与影响因素、传播方法与渠道、传播效果与优化策略等内容。并介绍生成式人工智能在辅助文案写作领域的工具和案例。

## 学习目标

1. 了解互联网文案传播的特点与影响因素。
2. 了解互联网文案传播的方法与渠道。
3. 熟悉互联网文案传播的效果评估与优化策略。
4. 熟悉国内常用的 AI 赋能互联网文案写作的工具。
5. 学会分析 AI 赋能互联网文案写作的案例。

# 项目一　互联网文案传播的特点与影响因素

## 任务1　互联网文案传播的特点

### 任务描述

互联网文案传播的原理在于通过互联网平台,以文案内容吸引用户阅读、分享和互动,从而实现信息传播和品牌推广。通过本任务的学习,学习者将了解什么是互联网文案传播,以及互联网文案传播的特点和影响因素。

### 任务要点

#### 1. 互联网文案传播的定义

互联网文案传播涉及在互联网平台上发布的各种文本内容,如文字、图片、视频等,通过使用如百度指数、头条指数等大数据分析工具,挖掘关键词背后的传播脉络和用户行为,从而优化内容策略,把握市场动态,最终达成营销、宣传或社交目的。它包括但不限于广告文案、软文、社交媒体内容、邮件营销等。一般是以扩大品牌影响力、传递信息、推广产品或与用户互动等为目标。

#### 2. 互联网文案传播的特点

在互联网时代,信息传播的速度和范围都达到了前所未有的程度,传播模式也发生了巨大的变革。

(1) 传播速度快、范围广

互联网打破了时间和空间的限制,随着互联网普及率的提升和网民规模的扩大,一条信息可以在极短的时间内传遍全球。无论是重大的新闻事件,还是某个小众领域的创新成果,都能以极快的速度在网络上传播。因此,通过互联网传播的信息能够在极短的时间内迅速覆盖大量用户,其传播范围之广,远远超越了传统媒体所能达到的范围。

(2) 具有互动性、个性化特点

互联网时代的用户不再是被动的信息接收者,而是可以积极参与传播过程。用户能够借助评论、点赞、分享等手段,自由地抒发己见,与信息发布者及其他用户展开深度互动,从而有力推动内容的广泛传播并增强其影响力。同时,基于大数据和算法,互联网文案传播通过大数据和人工智能技术,能够为用户提供高度个性化的宣传内容。基于用户的浏览历史、兴趣爱好、地理位置等多维度信息,通过精准的数据挖掘和机器学习算法,向用户推送符合他们需求和偏好的定制化信息。

(3) 融合多媒体、多元化

互联网文案传播不局限于单一的文字或图片形式,而是融合了多种媒体元素,如视频、音频、动画、虚拟现实等。多媒体的融合能够更生动、直观地展示信息,吸引用户的注意力,提升传播效果。诸如直播平台、自媒体、社群等众多新兴传播渠道如雨后春笋般涌现,为传播内容开辟了更为广阔的选择空间,带来了前所未有的机遇。

(4) 制作成本降低

传统媒体的制作、印刷和发行成本较高,而互联网文案依托数字化内容的生产和传播,成本大大降低,同时更易于小规模、低成本地创作。

(5) 获得更精准的反馈

传统媒体难以精确获取用户的反馈和行为数据,难以精确评估效果,不利于对内容进行调整。互联网文案传播能获得更精准的反馈,得益于其依托大数据与用户行为追踪技术。平台可实时记录用户对文案的点击、停留时长、互动评论等数据,结合用户画像分析其兴趣偏好、消费习惯。例如,美妆品牌通过监测用户对"敏感肌适用"文案的互动率,可快速调整产品推广方向。这种即时、量化的反馈机制,使传播策略优化更具针对性。

## 知识拓展

**什么是文案营销计划?**

互联网文案并不是一次性的营销工具,想要取得良好的效果,必须制订合理的营销计划。在文案营销计划中,互联网运营者应在一定周期内明确用户定位、账号定位、组成板块、发布时间和频率、吸粉方式、活动形式等内容。并且要根据具体的营销效果实时调整与优化。

## 课后实训

通过检索互联网等手段获取互联网文案传播的相关资料,分析影响互联网文案传播效果的主要因素有哪些。

## 课后思考

你认为新型的互联网文案传播方式能够取代传统媒体吗?

## 任务 2　互联网文案传播的影响因素

### 任务描述

互联网文案传播的影响因素是多方面综合作用的结果,涉及产品、用户、媒介、创意以及传播策略等多个方面。创作者须全方位精心策划与协调,力求实现传播与营销效果的最大化。综合考虑并优化这些因素,将显著提升文案的传播成功率与影响力,助力品牌传播与营销目标的实现。通过本任务的学习,学习者将结合经典的文案案例了解互联网文案传播的影响因素。

## 📋 任务要点

### 1. 互联网文案传播的影响因素

在互联网时代,文案的传播效果受到多种因素的影响。了解并运用这些因素,可以帮助创作者规避传播误区,综合运用多种策略,增强文案的吸引力和传播力。

(1) 产品因素

产品的特点、优势、品质直接影响着文案的传播效果。一个有竞争力、独特性的产品,能够为文案传播提供强有力的支持。文案须凸显产品核心卖点与优势,激发用户兴趣与好奇。

例如,知名汽车品牌 Volvo(沃尔沃),以其卓越的安全性能著称,其广告创意也常常围绕"安全"和"品质"这一核心价值展开。通过真实场景、情感化表达和科技创新,传递品牌对用户生命的重视和对品质的执着(图 5-1-1)。

图 5-1-1　知名汽车品牌 Volvo(沃尔沃)广告

(2) 用户因素

用户的特征、需求、偏好是影响文案传播效果的重要因素。文案应根据目标用户的性别、年龄、兴趣爱好等特点,定制策略和内容,达到更精准和有效的传播。

例如,某健康饮品品牌推出了一款主打"0 糖 0 脂 0 卡"的气泡水(图 5-1-2),迎合了 18—35 岁注重健康、追求新奇体验的都市白领和大学生的消费需求。通过"0 糖 0 脂 0 卡,健康无负担,口感清爽"等卖点,让用户对品牌的健康、时尚调性产生强烈认同。通过互联网文案传播,品牌在年轻用户中的认知度显著提升,该饮品也因此成为健康饮品的代表之一。

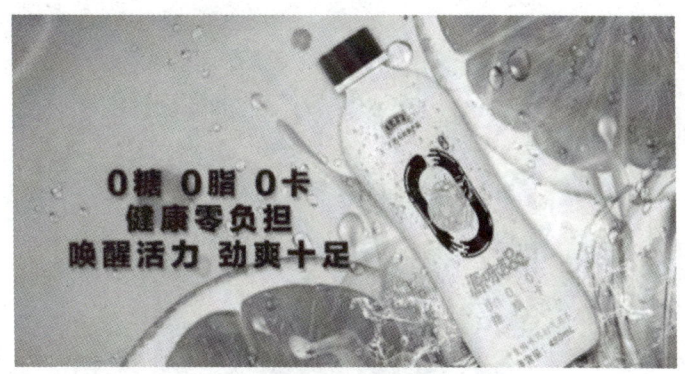

图 5-1-2　某饮品品牌广告

（3）媒介因素

不同的传播媒介和平台对文案的传播效果也有影响,这就需要创作者根据文案性质和目标用户,选择合适的传播渠道,如社交媒体、广告平台、搜索引擎等,以最有效的方式触达用户。

例如,某国产美妆品牌,目标用户为年轻女性。为迅速开拓市场,该品牌选定抖音平台作为营销阵地。以"国货、平价、质感"等广告语,通过在抖音平台发布美妆教程短视频,展示产品的使用效果,同时与各个美妆博主合作,通过他们的影响力推广该品牌。在抖音平台短视频的助力下,该国货美妆品牌曝光量激增,迅速赢得年轻女性群体的青睐。

（4）创意因素

创意是文案传播中至关重要的一环,一个富有创意和想象力的文案能够更好地引起用户的共鸣,并吸引用户的注意。创意的使用需紧密结合产品特性和用户需求,巧妙融入情感与幽默元素,以激发受众的情感共鸣。

运动品牌 Nike 的经典广告语"Just Do It"已经成为全球最具影响力的品牌口号之一。这句广告语在 1988 年推出,旨在鼓励人们不受限制地追求自己的梦想和目标。Nike 的广告通常采用真实的故事或极限挑战、幽默反转、明星效应、社会议题等方式传递"行动力"和"坚持"的品牌精神,激励普通人突破自我(图 5-1-3)。

图 5-1-3 运动品牌 Nike 的广告

(5) 传播策略因素

传播策略的选择和执行对文案的传播效果有着直接的影响。创作者可以依据产品特性和竞争态势,制定精准的传播策略,涵盖定位、推广、投放等环节,以此来增强文案的曝光和传播实效。

个人护理品牌 Dove(多芬)以其"真实美"(Real Beauty)的品牌理念而闻名,其在文案传播时通常采用视频广告＋社交媒体＋线下活动的方式。2013 年,Dove(多芬)为推广其"Real Beauty"理念,与前 FBI 人像预测素描专家 Gil Zamora 合作开展"Real Beauty Sketches(真我素描)"实验。实验中,7 位女性在完全隔离状态下,先根据自我描述让 Gil 绘制画像 A,再由陌生人描述同一女性绘制画像 B。结果显示:参与实验的女性常低估自身颜值,而真实美丽远超自我认知。引发公众对"美"的定义的讨论与反思。这一广告创意获得当年夏纳国际创意节全场钛狮奖,印证其营销创新性与社会价值。这一活动在社交媒体上获得了超过1亿次观看,成为病毒式传播的经典案例,不仅提升了Dove(多芬)的品牌形象,还鼓励了许多女性正视并接受自己的真实美丽。Dove(多芬)在全球多个城市设置"美丽"和"普通"两扇门,鼓励女性重新定义自己的美丽标准。Dove(多芬)正是通过这样的方式,成功塑造了积极、包容的品牌形象,赢得用户的信任和共鸣(图5-1-4)。

图5-1-4 Dove(多芬)广告

### 2. 互联网文案传播的案例分析与实践操作技巧

实例分析与实践操作,有助于深化创作者对互联网文案传播的理解并提升其实操技能。以下以知名电商平台拼多多为例,依据实际情况展开案例分析与实操方法探讨。

拼多多成立于2015年,刚开始的时候,并不被看好。但拼多多另辟蹊径,主打团购模式,汇聚民众需求,以更实惠的价格让商品触手可及,这种创新的拼团方式迅速赢得了众多价格敏感型用户的青睐,尤其是在三四线城市及农村地区,更是广受欢迎。

与此同时,拼多多也采用了积极的营销手段,在各大社交平台上海量打广告,"邀请好友砍价""助力免单"之类的活动层出不穷。正是这些丰富多彩的活动,吸引了大量用户下载拼多多,进而为平台带来了源源不断的新用户。

拼多多还注重农产品的销售,与多地农民直接合作,把农产品直接送到消费者手中,此举既为农民解决了销售难题,又让消费者得以品尝到既新鲜又实惠的农产品,实现了双赢。很多山区的水果、特产,以前因为交通不便、信息不通,很难卖出去,现在通过拼多多,开始销往全国了(图5-1-5)。

图5-1-5　电商平台拼多多广告

除了案例分析,创作者还应掌握实践操作的技巧。具体来说,有以下几点:

(1) 选取案例

案例分析须选择具有代表性的互联网文案,如某营销活动文案、品牌宣传文案等。通过分析该案例,了解成功之处和不足之处,以及实现成功的关键因素和策略。

拼多多作为中国电商领域的后起之秀,凭借其独特的社交电商模式和极具吸引力的文案和营销策略,迅速在互联网上获得了大量用户。根据相关数据,拼多多的年度活跃买家数从2018年的4.185亿增长至2023年的8.69亿,显示了其用户基础的显著扩大和市场占有率的持续增长。"拼着买,更便宜"简明扼要地揭示了拼多多的核心优势:拼团模式让用户享受低价;"砍价免费拿,邀请好友助力"的社交裂变策略促使用户邀请好友,以极低价格乃至免费获取商品;"百亿补贴,全网低价"则彰显了拼多多在价格竞争中的绝对领先地位,由此来吸引大牌商品消费者。

(2) 实践演练

将学习者分组,使其根据选取的案例进行实践演练,在实践中理解和应用相关知识。学习者在实践演练中须深入分析案例的文案创意、传播渠道、效果评估等关键环节,并据此提出切实可行的优化策略和改进措施。

分组讨论该案例时,可以参考以下几个主题:拼多多通过其独特的品牌定位和市场策略,如拼多多的社交电商模式创新、用户增长与留存策略、品牌定位与市场差异化、挑战与未来发展方向等。每个小组派代表分享讨论结果,重点突出拼多多营销策略的创新点、成功经验、改进方案等,小组其他成员可以提出问题或补充观点,形成互动讨论。通过分组讨论,可以更全面地理解拼多多的营销策略,并从中汲取经验,取长补短,为其他营销实践提供借鉴。

(3) 讨论总结

在讨论和分享环节,学习者可分享实践过程中的体会和心得,加深对互联网文案传播的理解。结合实践案例,学习者共同总结成功的经验和策略,提高实践能力和应用水平。案例分析与实践演练的结合,将使学习者深入理解互联网文案传播的精髓,实现营销能力和创意思维的有效提升。

## 知识拓展

### 什么是营销影响力?

营销影响力是指企业或个人通过营销活动对目标用户、市场环境、品牌认知以及消费者行为产生的深远影响。它不仅体现在销售业绩的提升上,还包括品牌形象的塑造、市场趋势的引导以及用户心理和行为的变化。营销影响力的衡量标准往往是品牌知名度、用户参与度、转化率、口碑指数、市场份额等几个方面。通过精准的策略、创新的方式和持续的努力,营销影响力可以使商品在市场中占据有利地位,并赢得用户的长期信任与支持。

## 课后实训

选择一个近期在互联网上广泛传播的文案案例(可以是广告、社交媒体帖子、新闻稿等),分析其成功传播的关键因素。

## 课后思考

假设让你负责某个健康食品的文案传播工作,想一想你需要考虑哪些因素来优化文案以提高其在互联网上的传播效果。

# 项目二　互联网文案传播的方法与渠道

## 任务1　互联网文案传播的方法

### 任务描述

互联网文案传播涉及多维度、多渠道，涵盖内容创作、渠道筛选及目标定位等关键环节。在进行互联网文案传播的过程中，可能会进入各种各样的误区。如果没有规划、没有维护，可能会导致传播效果不佳。通过本任务的学习，学习者将掌握互联网文案传播的方法，学会制订合适的互联网文案传播计划。

### 任务要点

**1. 互联网文案传播的方法**

互联网文案传播旨在通过文字内容在互联网平台上吸引目标用户，传递品牌信息，并有效引导用户行为。在信息爆炸的时代，要让文案脱颖而出并实现有效传播，需要行之有效的方法。

（1）明确受众，选择合适的平台

在互联网文案传播前，首先要明确用户群体，更好地分析目标用户的年龄、性别、兴趣、行为习惯等，了解用户的痛点和需求，确保文案内容与用户相关，明确传播的目标，从而选择更精准的互联网平台。比如，为了提升品牌在年轻人中的知名度，可以利用社交媒体平台进行互动性强的活动，如短视频、直播等，以吸引年轻用户的注意力并增强品牌的亲和力。针对特定群体，可以选择与产品相关的行业平台或垂直网站进行精准推广,以便更有效地对接潜在用户。

(2) 内容为先,提供有价值的信息

互联网文案的传播,离不开高质量的文案内容。文案内容须紧密贴合目标用户需求,兼具吸引力与实用性。例如,通过分享行业最新动态、专家独到见解以及高质量的案例分析,品牌可以为用户提供实际可行的解决方案,从而在用户中产生认同感。例如,某咖啡品牌通过温馨的文案和优美的图片传递出品牌的温暖和关爱,强调了咖啡的品质和口感,以此成功地提升了品牌的好感度。此外,良好的用户服务和社交媒体营销策略也是提升品牌好感度的有效手段。品牌传播文案应具备情感化、可视化和专业性的特点,以更好地输出品牌的情感价值,提升用户对品牌的认知度和信任度。

(3) 优化关键词,提高搜索曝光度

互联网文案传播的过程中,关键词优化是一个非常重要的环节。通过合理使用关键词,可以提高文案在搜索引擎中的排名,吸引更多、更精准的目标用户。关键词应巧妙融入文案的标题、正文及结尾,确保文案流畅的同时,提升搜索引擎排名。此外,也可以根据时效性和热点话题调整关键词,帮助文案获得更多的曝光。

(4) 多方合作,增加传播的热度

随着互联网的发展,行业大V或知名媒体的力量越来越不容小觑,这些行业大V或知名媒体往往拥有庞大的粉丝基础和影响力,借助他们的力量发布原创或合作文案,能更轻松地吸引广泛关注。

(5) 分析数据,优化发稿的策略

互联网文案传播并不是一成不变的,而是需要不断优化的。文案发布后,需定期分析阅读数据,如浏览量、转发量、评论量,明确用户喜好,有针对性地改进内容。对数据的分析可以帮助创作者逐步优化发稿策略,找到合适的传播方式。

(6) 持续发稿,保持曝光量

互联网文案的传播需要保持持续性,需持续发布内容,保持曝光度,逐步提升品牌知名度和影响力,维持用户的长期互动与关注。

2. 互联网文案的传播与引爆

(1) 互联网文案与借势营销相结合

借势营销是指借助热点话题或热点事件进行品牌或产品宣传的一种营销方式,其核心在于"借势",即借助外部的"势"来推动自身的发展。例如,士力架在奥运会期间推出的吐槽包装和漫画，展现了品牌的幽默和叛逆形象。通常情况下，"文案＋借势营销"需要提前预热，活动开展方式和文案都需要提前策划并发布，这样可以通过发起方的营销活动借势制造热点，实现引爆式的营销（图5-2-1）。

图5-2-1　士力架的借势营销文案

（2）互联网文案与病毒式营销相结合

病毒式营销是指通过病毒式的极速传播方式实现营销目的，病毒式营销通常通过社交媒体、公共场所等途径进行，以轻松有趣的内容被用户接受，从而形成病毒式传播。例如，网易云音乐包下了杭州地铁1号线的车厢以及江陵路地铁站，从网易云音乐应用平台上的4亿条评论里，挑出点赞数最高的5000条，经人工筛选，最终选定85条，发起了一场名为"看见音乐的力量"的病毒式营销活动（图5-2-2）。

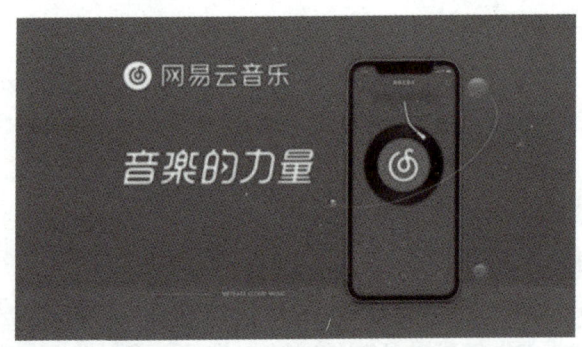

图5-2-2　网易云音乐的病毒式营销

## 知识拓展

**什么是品牌势能?**

品牌势能是指品牌在市场中所积累的潜在能量,它反映了品牌的影响力、竞争力和未来发展潜力。品牌势能越高,品牌在市场竞争中的优势越明显,能够更轻松地吸引消费者、拓展市场并实现持续增长。品牌势能是品牌长期积累的结果,与品牌知名度、美誉度、忠诚度等因素密切相关。

## 课后实训

选择一个互联网文案传播平台,策划并发布一篇关于语言培训的营销文案,并在两周内持续关注这篇文案的浏览量、点赞量、转发量及评论量。

## 课后思考

在互联网文案传播中,应避免哪些风险?

# 任务 2　互联网文案传播的渠道

## 任务描述

互联网文案传播渠道多种多样,每种渠道都有其独特的优势和适用场景。在选择宣传推广渠道时,应根据产品特性、目标用户群体和预算情况综合考虑,制定出最适合的策略。同时,随着市场和技术的不断变化,新的宣传推广途径也在涌现,需要保持敏锐的市场洞察力和创新意识,及时调整和优化策略以适应环境。通过本任务的学习,学习者将掌握互联网文案传播的基本渠道,根据文案特点和推广需求选择相应的渠道。

## 任务要点

### 1. 互联网文案传播的渠道

**(1) 社交媒体平台**

社交媒体平台是依托互联网技术构建的、以用户关系为核心的内容分享与传播空间,典型类型包括微信、微博、抖音、小红书及快手等移动端社交应用。该渠道的核心特征表现为:其一,交互性强,用户可通过点赞、评论、转发等行为实现即时双向互动,形成内容裂变传播效应;其二,内容形态多元化,支持图文、短视频、直播等多种呈现形式,适配不同场景下的信息传递需求;其三,算法驱动分发,平台基于用户行为数据(如浏览偏好、互动记录)构建推荐模型,实现内容的精准触达。从应用视角看,社交媒体平台适用于品牌声量提升、产品推广、用户社群运营及口碑管理,尤其对面向年轻消费群体(如 Z 世代)的品牌具有显著的传播优势。

**(2) 搜索引擎与内容平台**

搜索引擎与内容平台是以用户主动检索行为为导向的信息聚合渠道,典型类型涵盖百度、谷歌等通用搜索引擎,以及知乎、今日头条等内容聚合平台。此类渠道的关键特性在于:用户需求明确性高,通常通过关键词搜索获取目标信息,因此文案须具备精准的问题解决属性;内容权威性需求突出,如知乎平台要求答案具备专业深度与数据支撑,今日头条则依托算法推荐机制实现长尾内容的广泛覆盖。该渠道适用于知识科普、产品技术解析、企业专业形象塑造及精准用户触达,尤其适合需要建立行业话语权或解决用户具体痛点的传播场景。

**(3) 电商平台**

电商平台是以在线交易为核心功能的互联网商业渠道,典型代表包括淘宝、京东、拼多多等综合性平台,以及垂直类电商(如当当)。其核心特征体现为:目标导向明确,用户访问行为直接关联购买决策,因此文案需聚焦产品核心卖点(如功能参数、价格优势)、促销机制(如满减规则、限时折扣)及用户评价数据的整合呈现;转化路径短,需通过详情页结构优化、短视频场景化演示(如产品使用教程)降低用户决策成本。

**(4) 电子邮件与私域流量**

电子邮件与私域流量是基于用户许可机制构建的直接触达渠道,典型形式包括企业邮箱、微信社群、短信营销系统及品牌自有 APP 消息推送。其核心特征表现为：用户关系紧密性高,通过会员注册、消费记录等途径获取用户授权,实现精准化信息推送;内容个性化要求严格,需基于用户画像(如消费偏好、生命周期阶段)定制差异化文案(如会员专属优惠、沉睡用户唤醒);交互频次需科学控制,避免过度营销引发用户流失。从应用场景分析,该渠道适用于会员体系运营、老客户生命周期管理及高频次促销活动通知,尤其适合需要构建长期用户黏性的品牌。

(5) 视频与直播平台

视频与直播平台是以多媒体实时交互为特征的传播渠道,典型类型包括抖音、快手等短视频平台,以及淘宝直播、斗鱼等直播电商平台。其核心特性体现为：信息传递立体化,通过动态影像、声音及实时弹幕构建沉浸式体验,显著提升用户注意力留存率;内容时效性强,短视频需在15秒内完成核心信息传递(如痛点呈现+解决方案),直播则依赖主播的专业能力与互动技巧(如产品演示、限时优惠触发);传播裂变效率高,用户可通过分享直播间或视频链接实现社交网络扩散。该渠道适用于新产品功能演示、促销活动实时转化及粉丝经济运营,尤其适配年轻化消费群体及体验导向型产品。

(6) 新闻与资讯平台

新闻与资讯平台是以专业媒体机构或自媒体为核心的内容发布渠道,典型类型涵盖腾讯新闻、网易新闻等综合新闻门户,以及微博热搜、今日头条资讯流等算法推荐平台。其核心特征表现为：信息权威性要求高,新闻类平台需遵循客观、中立的报道原则,企业需通过正规新闻稿形式传递品牌信息;传播时效性显著,热点事件(如新品发布会、行业峰会)的快速响应可提升品牌曝光效率;内容分发依赖算法与编辑双重机制,需平衡流量获取与品牌调性。该渠道适用于企业公关传播、重大活动造势及行业影响力构建,尤其适合需要提升公信力或应对舆论危机的品牌场景。

(7) 垂直论坛与社区

垂直论坛与社区是基于特定兴趣或行业形成的封闭式交流空间,典型类型包括豆瓣小组(如读书、影视主题小组)、虎扑体育社区、知乎专业领域板块及行业技术论坛。其核心特征表现为：用户专业度高,成员通常具备该领域的知识储备或实践经验,文案需使用专业术语并引用权威数据以建立可信度;社区规则严格,需遵守版规(如禁止硬广植入),通过价值内容输出(如经验分享、问题解决方案)实现软性品牌渗透;社交关系紧密,KOC(关键意见消费者)的推荐对用户决策影响显著。该渠道适用于小众产品推广、专业服务咨询及行业口碑管理,尤其适配 B2B 企业、垂直细分市场及知识付费类产品的传播需求。

**2. 如何选择互联网文案传播的渠道**

选择适合互联网文案传播的渠道,能帮助文案有效触达目标受众。不同的渠道有不同的特点和用户群体,因此需要综合考虑品牌定位、目标受众、传播目标、预算等各种因素。

当前互联网文案传播通常使用的热门平台见表 5-2-1。

表 5-2-1　互联网常用传播平台

| 渠道 | 特点 | 适用场景 |
| --- | --- | --- |
| 微信 | 用户基数大,适合深度内容和私域流量的运营 | 品牌曝光、用户互动、销售转化(公众号推文、朋友圈广告) |
| 微博 | 传播速度快,适合热点话题和短文案 | 品牌曝光、用户互动、口碑传播(热搜话题、KOL 合作) |
| 抖音、快手 | 短视频为主,适合视觉化、娱乐化的内容 | 品牌曝光、用户增长、销售转化(短视频广告、直播带货) |
| 小红书 | 以年轻女性为主,适合种草和生活方式类内容 | 品牌曝光、用户增长、口碑传播(KOL 种草、用户测评) |
| 知乎 | 用户以高学历、高收入群体为主,适合深度内容和知识分享 | 品牌曝光、用户信任建立(问答、专栏文章) |
| B 站 | 用户以年轻人为主,适合创意内容和二次元文化 | 品牌曝光、用户互动(创意视频、UP 主合作) |
| 今日头条 | 用户覆盖面广,适合信息流广告和精准推送的内容 | 品牌曝光、用户增长(信息流广告、个性化推荐) |
| 社群(微信群、QQ 群等) | 互动性强,适合私域流量运营 | 用户互动、口碑传播(社群活动、用户分享) |
| 电子邮件 | 适合个性化内容和精准推送 | 用户留存、销售转化(促销活动、新品发布) |

选择互联网文案传播渠道时,须关注以下要点:

**分析用户偏好,选择对应渠道。**潮流文化爱好者偏好抖音、B 站、小红书;专业领域深耕者则倾向于微信、知乎、今日头条。

**明确传播目标,匹配渠道。**追求品牌曝光可选微博、抖音;追求销售转化则选微信、电商直播。

**评估预算，选择性价比高的渠道。**预算有限可选社群；预算充足可选信息流广告、搜索引擎广告。

**分阶段、多渠道传播。**结合各渠道优势，形成矩阵，可以分阶段选择不同的平台，实现加速曝光、精准定位、热点制造。

瑞幸咖啡，一家成立于2017年的品牌，仅用了不到两年的时间，于2019年5月成功在美国纳斯达克上市。如此惊人的发展速度，很大程度上得益于其互联网文案的传播模式。从创立初期开始，瑞幸咖啡便打出了"高品质、高性价比、高便利性"的口号，号称"国民咖啡"品牌以吸引年轻消费者和职场人群。通过自有APP作为核心销售渠道，结合快取店模式，深度覆盖写字楼、商圈等高客流区域，并增设无人零售机（如瑞即购、瑞划算），进一步拓宽市场覆盖范围。同时，品牌还邀请汤唯、张震等明星代言，与故宫、腾讯等品牌合作，通过"邀请好友得优惠""邀请好友注册双方免单"等方式，实现精准营销和高效运营，快速提升了品牌的知名度。

图5-2-3 瑞幸咖啡的广告营销

## 知识拓展

### 什么是KOL？

KOL是"Key Opinion Leader"的缩写，直译为关键意见领袖。这个术语在营销、传媒、品牌推广等领域被广泛应用，它指的是那些在特定领域中拥有较高影响力和话语权的人物。在互联网和社交媒体时代，KOL的影响力被进一步放大，成为品牌营销和传播的重要力量。

## 📝 课后实训

一家新兴的电子商务公司,专注于销售老年健康食品,在微博、微信公众号发布了一系列营销文案,但传播效果不佳。你觉得应该怎样多渠道布局来进行推广,请据此设计一份传播方案。

## ❓ 课后思考

不同类型的互联网文案传播渠道对互联网文案传播有什么影响?应该如何选择互联网文案传播的渠道?

# 项目三 互联网文案传播的效果评估与优化策略

## 任务 1 互联网文案传播的效果评估

### 任务描述

通过评估指标的分析和比对，可以全面了解互联网文案的传播效果和影响力，发现文案的优势和不足之处，为进一步的改进和优化提供参考。通过本任务的学习，学习者将掌握互联网文案传播效果评估的方法，深入理解评估路径，并能有效分析微博等媒体的文案传播效果。

### 任务要点

#### 1. 互联网文案传播的效果评估

互联网文案的传播效果，是指文案在互联网上发布后，对用户产生的知识、情感、态度和行为等方面的影响，这些影响反映了传播活动在多大程度上实现了文案创作者的意图或目的。例如，营销文案通过精心设计的标题和内容，激发用户的好奇心和情感共鸣，从而增加文章的传播力和用户参与度。实现预期的传播效果是开展传播活动的目的，确认效果则是整个传播活动中的核心问题。

对互联网文案的传播效果进行科学评估，可以帮助文案创作者明确文案传播的方向及目的，从而改进传播方式。在互联网时代背景下，构建简单、科学、系统的测量及效果评估体系，对于实现文案的传播目标至关重要。

互联网文案传播效果评估主要考虑以下四个因素：

(1) 曝光率

曝光率是指文案在互联网上被展示给用户的次数,是衡量文案传播范围和影响力的指标之一。较高的曝光率意味着文案被更多人看到,品牌的知名度和影响力有望进一步提高。

用户在搜索引擎中输入关键词、打开新闻资讯 APP 或购物网站时,相关信息会分别展示在搜索结果页、手机屏幕首页或产品展示区,这些均构成曝光率的一部分。另外,文案创作者还可以根据网站访问量、内容点击率等进行实时监测及定量评估。

例如,在微博搜索栏中输入"巴黎时装周",便会出现大量的相关信息,这些信息都会被计入相关文案的曝光率。例如,根据微博数据,♯巴黎时装周♯的话题阅读量更是高达 38.8 亿,讨论量达到 959.7 万,显示了该话题在微博上的巨大影响力和用户参与度。

(2) 参与度

参与度衡量的是用户对文案的互动程度,如点赞、评论、转发等,高参与度表明用户认可并感兴趣于文案内容,是评估文案吸引力及互动效果的关键指标。移动互联网时代增强了文案传播者与用户的互动,双方平等的关系促进了用户参与度的提升,用户能随时发表意见,与传播者进行即时沟通。

参与度可以通过网络登录、用户注册、用户关注、评论、转发等具体参数进行定量评估。以热门短视频平台抖音为例(图 5-3-1),在抖音平台上,视频的曝光率、转发数、评论数、点赞量、互动量、完播率等指标共同构成了衡量短视频传播效果的重要数据。这些指标反映了用户在观看短视频时的参与程度,其中互动率(包括点赞、评论、转发)对视频的推荐量和传播潜力具有显著影响。

图 5-3-1 抖音参与度数据

### (3) 影响力

文案的影响力体现在其传播后对用户产生的影响程度，涵盖观念的转变、态度的调整以及行为的驱动等多个层面。根据用户对文案的反应和回馈，可以评估文案的影响力和传播效果。

影响力的评估模型具备高度的综合性和多维性，网络计量学则为这一评估过程提供了丰富的方法和工具支持。目前，利用大数据技术对影响力进行评估更加科学、系统，传播者通过大数据技术可以对大众媒体、社会化媒体的实时数据进行监测分析，从而为科学决策提供数据参考。

### (4) 行动力

行动力是指文案对用户产生实际行动的能力和效果，包括点击链接、参与活动、购买产品等行为，是衡量传播效果是否理想的终极指标。通过评估文案的行动力，创作者可以深入了解其对用户行为的实际影响，以及文案在引导用户采取行动方面的有效性。

对行动力的评估主要以真正转化的实际利益为标准，例如，流量变现、对产品进行购买等就是行动力的体现，也是传播效果最大化的表现。

## 2. 热门平台互联网文案传播的效果评估

### (1) 小红书

小红书作为一个以 UGC(用户生成内容)为主的社交及电商平台，文案在该平台的传播效果须从曝光度、互动性、转化率及品牌影响力等多个关键维度进行综合评估。其中，阅读量、点击率等指标是衡量文案曝光度的重要依据。点赞数、收藏数、评论数、分享数及粉丝增长情况共同反映了文案的互动性。购买转化率、链接点击次数及客单价是衡量文案转化为实际购买力的重要指标。品牌提及率、用户口碑及搜索热度是衡量品牌影响力的关键因素。

这些数据不仅可用于单次活动的即时评估，还能通过历史数据对比，洞察运营策略调整对传播效果的深远影响。通过数据分析工具和用户反馈，创作者可不断优化内容策略和投放方式，从而不断优化在小红书平台上的文案传播策略，这将为实现更好的传播效果和商业价值形成助力。

### (2) 微博

微博手机客户端中创作中心——数据中心是为创作者量身打造的重要工具集合，旨在通过丰富且易用的数据服务，助力创作者实现更好的内容创作与运营,推动其成长与发展。其涵盖了多维度的数据分析、粉丝洞察以及视频创作支持等关键功能与模块。可打开微博 APP → 点击右下角"我"→ 选择"创作中心"→ 点击"数据中心"查看相关数据。

核心数据分析功能。该功能提供了多视角的数据指标以及简洁高效的数据看板,能够对创作效果进行全面评估。在数据跟踪方面,可对阅读、播放、互动等核心指标进行长达 30 天的监测,让创作者清晰了解自身内容在不同时间段的传播表现。同时,具备分场景流量来源分析能力,帮助创作者知晓内容在不同场景下的流量获取情况,以及博文效果分析,以便创作者有针对性地优化内容创作策略,提升内容质量和传播效果。

粉丝数据模块。粉丝数据模块是数据中心的一大亮点。它专注于提供粉丝来源及画像分析,助力创作者找到最贴合的创作风格,进而提升粉丝黏性。在粉丝增长方面,能够展现新增粉丝的趋势以及来源情况,还会特别标注新增 V 关注信息,让创作者了解自身在行业内受到关注的情况。在粉丝画像层面,开放了粉丝性别、年龄、地域、兴趣等多维度的分析数据,创作者可依据这些数据深入了解粉丝群体的特征和喜好,从而创作出更符合粉丝需求的内容,增强粉丝与创作者之间的连接。

赋能视频创作功能。此功能致力于实现更及时、精准的视频创作反馈,为创作者拓展基于视频作品的实验和探索空间。在数据跟踪上,聚焦视频核心数据,对视频的传播效果进行精准监测,并对最受欢迎的视频进行总结归纳,帮助创作者把握视频创作的流行趋势和用户喜好。同时,针对单条视频作品开展深度分析,涵盖作品核心数据,如播放量、点赞数、评论数等;作品用户画像,包括用户的特征和行为习惯;作品播放完成度,反映内容的吸引力和连贯性;以及作品传播分布,了解内容在不同渠道和群体中的传播情况,全方位为创作者的视频创作提供有力的数据支撑和优化方向。

(3) 微信公众号

分析微信公众号的内容数据时,运营者需准确理解数据背后的含义,以便更有效地运营微信公众号。

在微信内容分析数据中,阅读量是关键指标,但阅读量并不能完全反映互联网文案是否被用户喜爱,它主要反映的是封面图、标题或摘要是否能吸引用户。阅读量越高,通常意味着标题或封面图越吸引人。

分享量的高低从一定程度上反映了文案的质量优劣,数值越高,通常表明用户对文案的认可度越高。如果文案阅读量虽高,但分享量惨淡,往往意味着内容未能触动用户,质量有待提升。

通过完成阅读量,运营者可评估文案质量。文案阅读量高而完成度低,通常反映标题吸引人,但内容欠佳。

微信公众号内容数据应综合考量用户数据,如新关注与取消关注人数等。新关注人数反映公众号涨粉的情况。一般来看,公众号有一定的取消关注是正常的,但新增人数要持续大于取消关注人数通常有助于表明公众号运营良好。较多老用户取消关注,可能是因为文章的内容不再符合用户的需求。

## 知识拓展

### 什么是用户生成内容?

在互联网领域,用户生成内容(User Generated Content,UGC)泛指以任何形式在网络上发表的由用户创作的文字、图片、音频、视频等内容。在微博上,用户发布的个人动态、观点文章;抖音上用户上传的原创短视频;小红书上用户分享的美妆心得、旅游攻略等都属于UGC内容。UGC是互联网发展的重要驱动力之一,它极大地丰富了平台的内容生态,增强了用户的参与感和黏性。

## 课后实训

在微博上,选取一个关于健康饮品的微博营销文案,分析其阅读量、评论数、转发数等数据,分析不同时间段的文案表现差异以及带有不同话题标签的文案表现差异。

## 课后思考

在微博、微信、抖音等不同平台发布相同文案时,如何比较不同平台的传播效果,请你提出评估框架。

## 任务 2　互联网文案传播的优化策略

> **任务描述**
>
> 　　本任务聚焦互联网文案传播效果评估与优化,围绕曝光率、参与度、影响力、行动力四大核心指标,结合微博、小红书、微信公众号等平台特性,解析数据监测方法与优化路径。学习者将掌握文案效果评估体系,学会通过关键词优化、互动设计、平台联动等策略提升传播效能,并能运用 A/B 测试、数据分析工具实现精准优化,最终具备从策略制定到效果验证的全流程实践能力。

### 任务要点

**1. 基于效果评估指标的优化路径**

　　互联网文案传播效果的优化需围绕曝光率、参与度、影响力、行动力四大核心指标展开,通过数据监测与分析,针对性调整文案策略。通过不同策略的系统实施,可显著提升互联网文案的传播效果,实现品牌曝光、用户互动和销售转化的多重目标。

　　（1）提升曝光率的策略

　　**关键词优化。** 研究目标用户的搜索习惯,在文案标题、正文及标签中嵌入高热度关键词,提高搜索引擎和平台算法的推荐概率。例如,在微博文案中加入"♯巴黎时装周♯"等热门话题标签,可显著提升曝光量。

　　**多平台分发。** 根据目标用户的活跃平台（如小红书、微博、抖音等）,调整文案形式并同步发布,扩大覆盖范围。例如,同一产品文案可改编为短视频脚本、图文笔记或长文章,适配不同平台特性。

　　**合作推广。** 与 KOL（关键意见领袖）或 KOC（关键意见消费者）合作,借助其粉丝基础提升文案曝光。例如,美妆品牌可与小红书美妆博主合作,通过测评笔记增加品牌曝光。

### (2) 增强参与度的策略

**互动设计。** 在文案中嵌入提问、投票、抽奖等互动元素,激发用户评论和转发。例如,微博文案可设置"你最喜欢的巴黎时装周造型是?"等话题,引导用户参与讨论。

**情感共鸣。** 通过故事化表达或热点关联,增强用户情感连接。例如,公益文案可结合真实案例,引发用户共鸣并促使转发。

**即时反馈。** 及时回复用户评论,增强互动黏性。例如,在微信公众号文章底部设置自动回复,引导用户进一步互动。

### (3) 扩大影响力的策略

**权威背书。** 引用行业专家观点或用户真实案例,提升文案可信度。例如,科技产品文案可引用专业评测数据,增强说服力。

**长期价值输出。** 通过系列化内容(如"一周穿搭指南""职场技能干货")建立用户信任,形成持续影响力。

**跨平台联动。** 在不同平台发布互补性内容,形成传播矩阵。例如,在抖音发布短视频引流,在微信公众号发布深度文章转化用户。

### (4) 提升行动力的策略

**明确行动号召。** 在文案中直接引导用户点击链接、购买产品或参与活动。例如,"点击领取优惠券""限时折扣,立即抢购"等按钮可提升转化率。

**优化落地页体验。** 确保用户点击链接后进入的页面加载速度快、信息清晰,减少跳出率。例如,电商文案的落地页需突出产品卖点和购买按钮。

**限时激励。** 通过"限时折扣""前 100 名赠品"等方式制造紧迫感,促使用户快速行动。

## 2. 热门平台专项优化策略

文案创作者可以针对不同热门平台的算法逻辑和用户行为,制定差异化优化方案。以下主要结合小红书、微博、微信公众号平台的基本特点介绍优化策略。

### (1) 小红书优化策略

**关键词布局。** 在标题、正文、标签中嵌入高搜索量关键词(如"平价好物""护肤攻略"),提升搜索曝光。

**互动数据优化。** 通过引导用户点赞、收藏、评论(如"收藏点赞过 1000 更新第二弹"),提高笔记权重。

**转化率提升。**在文案中嵌入小红书店铺链接或商品二维码,简化购买路径。

(2) 微博优化策略

**热点借势。**结合时事热点(如节日、明星事件)创作文案,借助话题热度提升传播层级。

**转发激励。**设置"转发抽奖"活动,扩大覆盖人群。例如,"转发本条微博并@好友,抽3人送礼品"。

**数据分析工具。**利用微博"微热点"功能,分析转发路径和引爆点,优化发布时间(如晚间 8—10 点为高峰时段)。

(3) 微信公众号优化策略

**标题与摘要优化。**标题需简洁有力,摘要突出核心价值(如"3 个方法提升工作效率")。

**内容质量提升。**通过用户停留时长和分享率数据,优化文章深度和可读性。例如,增加案例、图表或互动问答。

**粉丝运营。**定期通过微信公众号后台分析新增或取消关注数据,调整内容方向;通过社群运营(如微信群、小程序)增强用户黏性。

### 3. 持续优化机制

**A/B 测试。**可对同一文案的不同版本(如标题、配图)进行测试,选择效果最佳的方案。

**数据复盘。**定期汇总各平台数据(如曝光量、转化率),总结高效果文案的共性特征。

**动态调整。**根据市场趋势和用户反馈,灵活调整文案风格(如从硬广转向软植入)。

## 📝 课后实训

请你选择一类目标产品(如美妆、数码、快消品等),针对小红书、微博、微信公众号三大平台分别创作适配的文案(图文、短视频、长文形式),需明确文案核心目标(如提升品牌曝光、引导用户互动或促进转化)。

要求:

1. 监测文案发布后 48 小时内的关键数据(包括曝光量、参与度、互动率、转化率等),并记录下来(须包含各平台对应指标及数据截图)。

2. 分析关键数据表现:哪些指标未达预期?原因可能是什么?

3. 针对未达预期指标,提出具体优化策略,并进行实际的调整优化。

### 课后思考

你知道互联网文案的情感营销吗?请举例说明如何通过情感营销来增强文案的吸引力和说服力。

# 项目四　AI 赋能文案写作

## 任务 1　认识 AI 赋能互联网文案写作的工具

### 任务描述

AI 大模型在互联网文案写作中具有启发创意、生成素材、内容优化等多种功能。AI 大模型的有效利用，可以使互联网文案写作更加高效、便捷。AI 大模型利用人工智能技术和大数据分析，模拟人类写作，自动生成文章、报告、故事等文本内容。简而言之，AI 大模型是写作领域的智能助手，涵盖文案创作、软件编写、公文处理等多种场景。通过本任务的学习，学习者将了解 AI 大模型的基本功能和作用，熟悉一些常见的 AI 大模型，并能够利用 AI 大模型辅助写作。

### 任务要点

#### 1. 国内 AI 大模型

AI(Artificial Intelligence)大模型是基于深度学习技术，通过海量数据训练形成的超大规模人工智能模型。其核心特征为参数规模庞大（通常达数十亿至数千亿级别）、具备跨领域通用性（可适应多行业任务需求）、支持多任务协同处理（如文本生成、知识问答、逻辑推理等）。在互联网文案写作中，AI 大模型通过解析海量互联网文本数据，学习语言结构、用户表达习惯与传播规律，能够辅助文案创作者高效完成选题策划、标题优化、内容扩写、热点关联等任务，尤其适用于需要快速响应市场需求的电商文案、社交媒体推文、产品详情页等场景，成为提升文案创作效率与传播效果的重要工具。目前国内常用的 AI 大模型见表 5-4-1。

表 5-4-1 国内常用 AI 大模型(部分)

| 名称 | 大模型类型 | 研发方 |
|------|----------|--------|
| DeepSeek | 文本类 | 深度求索 |
| 文心一言 | 文本类 | 百度 |
| 通义千问 | 文本类 | 阿里巴巴 |
| Kimi | 文本类 | 月之暗面科技 |
| 智谱清言 | 文本类 | 智谱 AI |
| 豆包 | 文本类 | 字节跳动 |
| 美图 AI | 图片类 | 美图公司 |
| 即梦 AI | 图片＋视频类 | 字节跳动 |
| 可灵 AI | 文本＋视频类 | 网易 |

### 2. AI 辅助写作的关键功能

AI 技术的发展日新月异，AI 在辅助写作方面也在不断拓展和更新。应用 AI 辅助写作的目的是提高写作效率和质量。围绕这个目的，以下内容总结了 AI 辅助写作的关键功能，主要体现在生成内容、丰富素材、激发创意等方面。

（1）自动生成文本

AI 大模型能依据关键词、主题或大纲迅速产出文章、故事、报告等文本初稿，甚至从简短提示中生成大纲并扩展为完整内容。

（2）优化文本内容

AI 大模型能按需调整文案风格，润色语句，检查语法错误，并优化文案结构的逻辑性。

（3）信息检索

AI 大模型搜索可以深度理解查询意图，整合网络资源，通过自然语言交互提供精准、个性化的搜索结果。

（4）生成创意素材

AI 大模型可以按需生成创意图片、图表、动画、视频等，丰富文案创作素材。

(5) 辅助创意写作

AI 大模型可以助力标题、口号的创作设计，针对目标用户提供创意灵感，以便拓宽写作思路，提升文案吸引力。

### 3. AI 大模型辅助写作的优点

(1) 激发写作灵感

AI 大模型可以提供不同的写作角度和建议，既帮助创作者打破思维定式，又帮助创作者组织思路和创意，探索新的内容创作可能。例如，AI 可以生成多种标题或引导句，供创作者选择和参考。

(2) 辅助创作文案

AI 大模型可以助力创作者进行头脑风暴，快速生成大纲，提供研究资料和模板，便于构思选题、制订方案及生成文案。

(3) 提高写作效率

在传统写作过程中，从确定主题到内容生成再到校对，每一步都需要耗费大量的时间和精力。而 AI 大模型能在几秒钟内生成多个文案选项，大大缩短了创作周期，让创作者有更多的时间专注于内容的策划和优化。

(4) 提高写作质量

AI 大模型具备文本完成、错误检查、润色及续写等功能，助力创作者高效产出高质量文案。

(5) 支持个性化写作

AI 大模型能理解和模拟人类风格，根据创作者需求定制个性化内容，生成相关文案并提供建议。

### 4. AI 大模型的不足

AI 大模型虽然提高了文案写作的效率和质量，但常受限于预设规则和模板，导致内容缺乏独创性，难以激发真正的原创思维。

(1) 语言表达不够精准

AI 大模型有时会因无法准确地理解使用者的语言含义和语境，出现表达不够精准的情况，造成一定的歧义和误解。

(2) 难以适应复杂的写作任务

复杂的写作任务需要综合运用多种技能和知识，而 AI 写作工具是基于已有的语料库和模型进行生成文案，因此在面对较为复杂的写作任务时，它的表现就会受到限制。

(3) 存在伦理和道德问题

由于利用 AI 辅助写作是通过大量数据训练而生成内容的,有可能会涉及版权问题,如基于受版权保护的数据创作可能构成侵权。此外,使用 AI 生成内容进行商业用途时,若未获得相关版权授权,也可能引发纠纷。

### 5. AI 大模型辅助文案写作的步骤

(1) 选择合适的 AI 大模型

不同 AI 大模型各具特色,选择时需根据需求和个人习惯,挑选最合适的工具。不同的 AI 大模型在功能定位、语言风格、适用场景等方面存在显著差异。例如,有的工具擅长学术论文润色,能自动检测逻辑漏洞并优化引用格式;有的则专注于创意写作,可生成诗歌、小说大纲甚至多角色对话;而面向商业用户的工具可能更强调邮件模板、营销文案的精准度和转化率。

(2) 组织提示词

简单来说,提示词就是创作者与 AI 大模型对话的文本。使用 AI 大模型时,创作者须深入理解写作需求,并巧妙设置关键词、特色词汇、生成数量、目标用户、风格定位及应用场景等提示词,以指导 AI 高效创作。

(3) 生成初稿并优化

利用 AI 大模型可以快速生成文案初稿,之后创作者须结合初稿进行优化和个性化调整,实现人机协同创作。首先,基于创作者的品牌定位或特定需求,精准调整文案语气(如正式、幽默、亲切)与风格,调整句式结构使表达更自然生动,植入品牌故事或用户案例增强吸引力。其次,可通过过渡句衔接段落、优化段落顺序强化逻辑性。再次,根据发布平台特性(如微信、微博、网站)优化排版,通过分段、关键词加粗、变色、标题分层、表情符号等细节提升阅读体验,并融入独特观点、案例及数据以降低内容雷同度。最后,须严格核实 AI 生成的数据与案例真实性。

(4) 查重与检测

对于利用 AI 大模型辅助撰写的文案,发布之前需要进行一定的查重和检测,以符合相应的标准。这里可以通过 AI 内容检测工具辅助完成,包括智能文本检测工具、智能改写工具、爱校对、句易网、易撰等。例如,对于广告类的文案,可以通过句易网进行广告法违禁词的查询;对于学术论文,可以通过知网查重服务进行检测。

> **知识拓展**

> **什么是提示词**
>
> 　　在人工智能领域,提示词(Prompt),是描述人工智能应执行任务的自然语言文本。它是提交到语言模型以接收回复的自然语言请求,是一种用于指导模型生成内容的关键信息。提示词既包含用户的指令或问题,也包含其他详细的背景或要求,如上下文、输入数据或输出示例。

> **课后实训**

　　请利用 AI 大模型豆包撰写 3 篇在小红书平台发布的面向白领宣传护肤品的营销广告文案,需要包含引人注目的标题与 100 字以内的详细内容,并配图。

> **课后思考**

　　AI 大模型除了能够生成文本文案,还可以用来生成图片、视频、动画等,想一想怎么利用 AI 大模型来辅助你进行更丰富的文案创作。

## 任务 2　学习 AI 赋能互联网文案写作的案例

> **任务描述**
>
> 　　不同的 AI 大模型具有不同的功能和特点,它们能够在工作、学习和日常生活中为用户解答各类问题,完成各种任务。通过本任务的学习,学习者将了解不同 AI 大模型的功能,能够自主探究不同 AI 大模型在文案写作方面的辅助作用,并能结合需求自主选择与使用。
>
> 　　学习提示:AI 大模型更新迅速,界面可能随版本升级而变化,操作时请注意。

## 任务要点

### 1. 用智谱清言生成小红书文案

小红书文案是指发布于小红书平台上的文字内容。小红书文案标题需直击痛点或兴趣，简洁有力，迅速吸引用户注意，明确传达核心信息。

智谱清言是一款基于 AI 技术的多功能助手，它具有通用问答、多轮对话、创意写作、代码生成、虚拟对话模拟、AI 绘图以及文档和图片深度解读等多种功能。

例如，运用智谱清言生成小红书文案，在网页版上的具体操作方法如下：

第一步：打开网址 https://chatglm.cn，注册登录智谱清言。

图 5-4-1　智谱清言首页

第二步：单击左侧的"智能体中心"，在搜索栏中输入"小红书"，在搜索到的智能体中，选择"小红书文案写手"，打开对话页面。

图 5-4-2 智能体中心小红书搜索结果页面

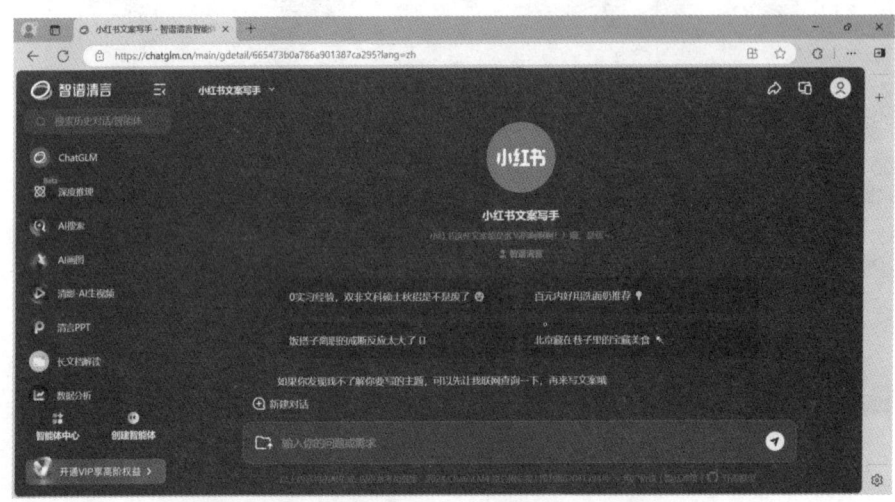

图 5-4-3 "小红书文案写手"智能体页面

第三步：在输入框中输入关键词，例如："你作为一位小红书的资深博主，请列出 3 种上海藏在巷子里的宝藏美食，写出推荐美食的原因，结尾要与用户进行互动。"并等待其生成答案。智谱清言还支持文件上传功能，兼容 pdf、doc、xlsx、ppt、txt、jpg 等多种文件格式。

项目四　AI赋能文案写作

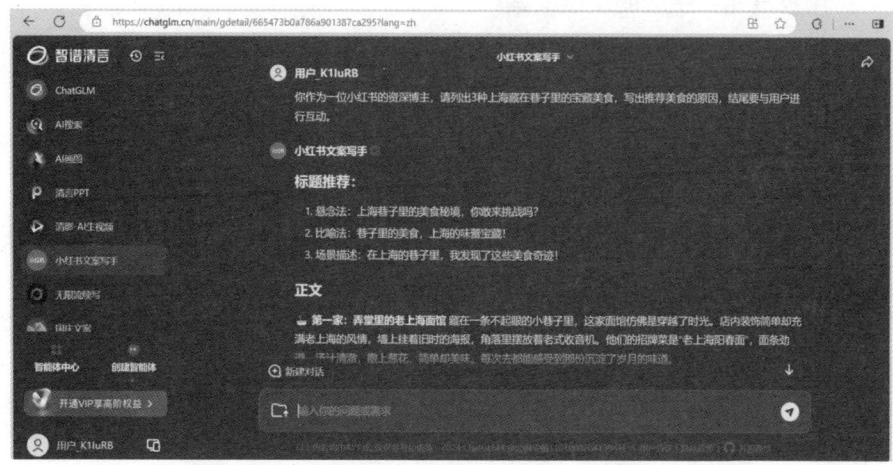

图5-4-4　"小红书文案写手"智能体生成的文案

第四步：可以直接复制生成的答案文字到文档进行修改，也可以进一步追问，直到生成满意的答案。例如，追问时输入"请加上地址和美食名称"。

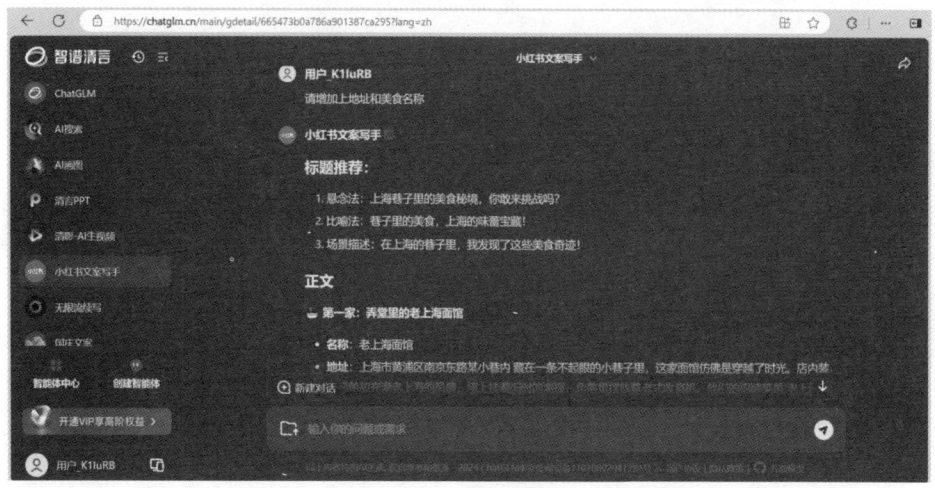

图5-4-5　"小红书文案写手"生成修改后的文案

第五步：对AI大模型生成的文案中不合适的内容进行修改，最终生成符合需求的文案。

## 2. 用腾讯元宝生成朋友圈文案

微信朋友圈文案是通过文字、图片、视频等形式,在微信朋友圈分享个人生活、工作、学习等内容,旨在传递情感、表达祝福或进行营销推广的文案。优秀的朋友圈文案能触动人心,拉近与读者的距离,增强互动性和传播效果。

腾讯元宝是一款基于AI技术的智能助手,利用深度学习和多模态理解能力,能快速生成文案框架和创意内容,适用于广告、营销、社交媒体等多种场景,同时具备智能润色、风格转换及热点追踪功能,显著提升文案的创作效率和内容吸引力。

例如,使用腾讯元宝撰写一篇朋友圈文案,主题是美丽的杨浦滨江,写作风格要正式,50字左右。

第一步:打开网址 https://yuanbao.tencent.com,注册登录。

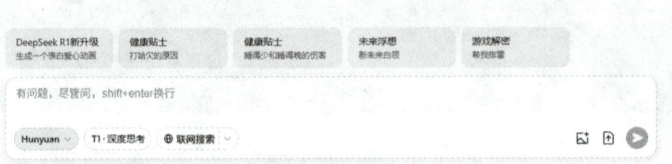

图5-4-6 腾讯元宝首页

第二步:在输入框中按要求输入提示词:"写一篇朋友圈文案,主题是美丽的杨浦滨江,写作风格为正式,50字左右。"然后点击发送按钮。备注:支持上传 pdf、doc、txt 等格式文件。

第三步:对生成的文案,可以用提示词进行进一步提问,也可以由创作者自己对文案进行修改。

### 3. 用 DeepSeek 生成标题文案

DeepSeek 大语言模型旨在通过智能问答、代码生成等场景,为用户提供创作辅助、工作支持和效率提升的工具。DeepSeek 基于先进的 AGI 技术,能够快速理解多场景需求,高效生成优质的多样化文案内容。

例如,可利用 DeepSeek 生成介绍《论语》国学经典的短视频标题,并附上相关 tag 标签,操作步骤如下。

第一步,打开网址 https://chat.deepseek.com,注册登录。

图 5-4-7  DeepSeek 首页

第二步,在 DeepSeek 输入框内输入创作者需求,例如"创作关于《论语》国学经典的短视频标题文案,并附带 tag 标签",即可初步获取答案。

第三步,明确修改指令,于输入框内输入"短视频标题文案需满足:1. 直击中年群体痛点;2. 瞬间吸引注意;3. 融合幽默与哲理"。创作者可通过不断地调试、修改,获取更能满足自身需求的答案。

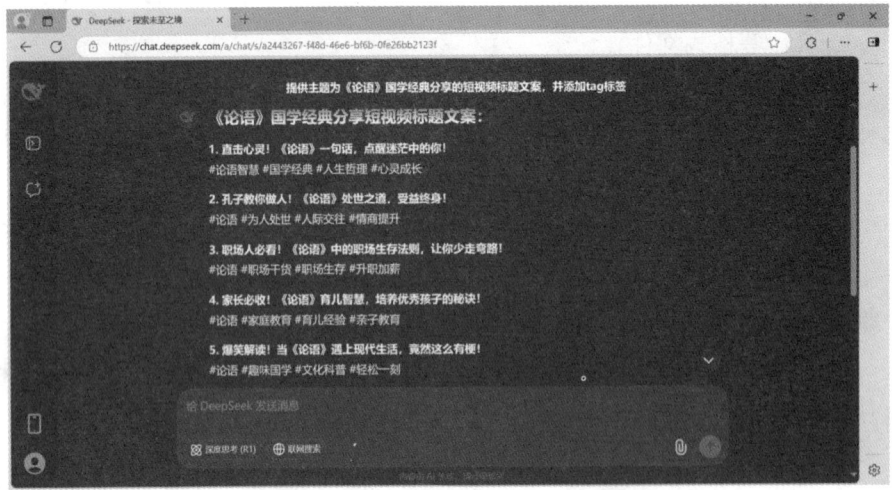

图 5-4-8 DeepSeek 生成的标题文案

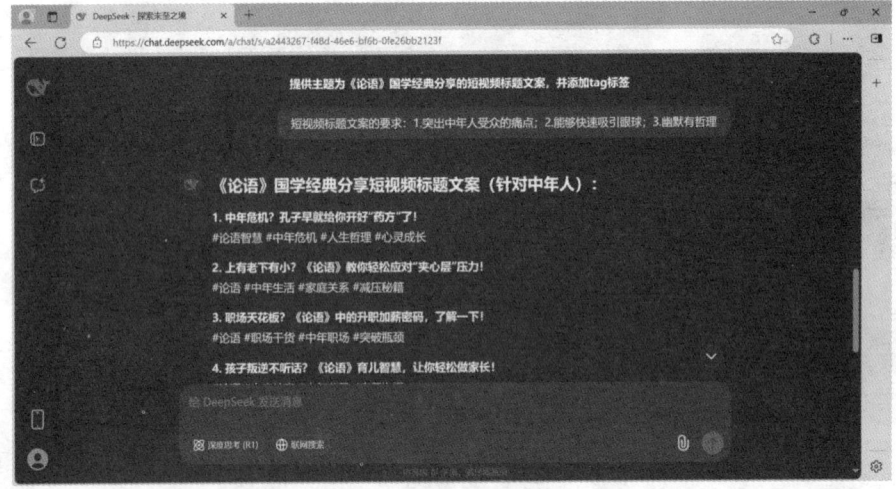

图 5-4-9 修改后的标题文案

第四步，可以进一步根据某一个短视频平台的特性，生成对应的标题文案。如在输入框中输入"根据抖音短视频平台标题的特点生成一个新标题"这样的指令，使答案更加优化。

第五步，若文案未达预期，可继续输入关键词，借助 DeepSeek 生成更多标题

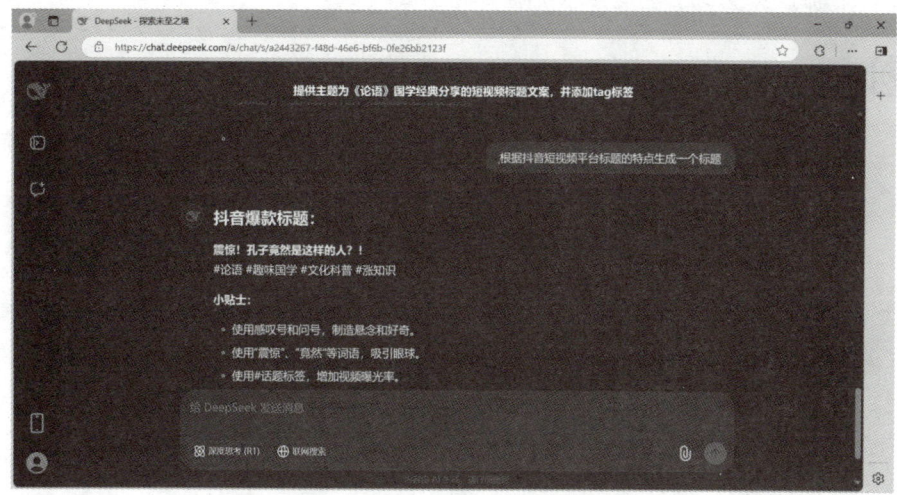

图 5-4-10 进一步优化的标题文案

选项，也可以基于已有答案，进行个性化修改与优化，直至获得满意的短视频标题。

## 知识拓展

**什么是 AI 智能体**

AI 智能体指的是一种无需人工直接干预即可自主运行以执行任务或做出决策的系统或程序。AI 智能体能够感知环境并对其进行理解和推理，从而做出决策并制订计划，继而采取行动。中国科学院自动化研究所研究员蒲志强说，可以将 AI 智能体理解为更立体、"类人"的智能系统。除了提供大模型广泛使用的语言交流，AI 智能体还能完成更复杂的任务。

## 课后实训

请利用文心一言，输入提示词，生成 3 条春节祝福语。

要求：

1. 春节祝福语须结合生肖年。
2. 融入成语、古诗词，体现对对方的新年美好祝福。

3. 可融入其他创作者的个人需求和创意想法。

## 课后思考

请思考：未来人工智能会取代文案人员吗？作为互联网文案从业人员，如何避免被 AI 大模型取代？